Das bietet Ihnen die CD-ROM

Alle Musterschreiben aus dem zweiten Teil des Buches:

Abmahnungen	Kondolenzbriefe
Absagen	Kündigungen
Anfragen	Mahnungen
Angebote	Rechnungen
Behördenbriefe	Telefax
Beschwerden	Umzugsmitteilungen
Bestätigungen	Vollmachten
Dankschreiben	Weihnachtsbriefe
Einladungen	Werbebriefe
Genesungswünsche	Zeugnisse
Glückwunschschreiben	Zwischenbescheide

Außerdem: Sämtliche Zeugnisformeln zur Leistungs- und Führungsbeurteilung.

Überall, wo Sie das Icon sehen, finden Sie die Texte vollständig im DIN A4-Format auf der CD-ROM – direkt zum Übernehmen in Ihre Textverarbeitung. Sie können die Texte auch per Faxabruf unter 0190-91 10 17 30 anfordern (1,24 Euro/Min.).

Die Deutsche Bibliothek – CIP-Einheitsaufnahme
Sturtz, Peter:
Perfekte Geschäftsbriefe : schnell, sicher, überzeugend / Peter Sturtz. – Freiburg im
Breisgau : Haufe, 2002
(Erste-Hilfe-Ratgeber)
ISBN 3-448-04950-6

ISBN 3-448-04950-6   Bestell-Nr. 00728-0001
© 2002, Rudolf Haufe Verlag, Freiburg i. Br.
Redaktionsanschrift: Postfach 13 63, 82142 Planegg
Hausanschrift: Fraunhoferstraße 5, 82152 Planegg
Telefon (089) 8 95 17-0, Telefax (089) 8 95 17-2 50
Internet: http://haufe.de, E-Mail: erste-hilfe@haufe.de
Lektorat: Stephan Kilian, Jasmin Jallad

Idee & Konzeption: Dr. Matthias Nöllke, Textbüro Nöllke München
Umschlaggestaltung: par: two_büro für visuelles, 70182 Stuttgart
Lektorat und DTP: Text+Design Jutta Cram, 86391 Stadtbergen
Druck: J. P. Himmer GmbH, 86167 Augsburg

Peter Sturtz

Perfekte Geschäftsbriefe

Schnell – sicher – überzeugend

Inhaltsverzeichnis

Vorwort

Der Geschäftsbrief ist Ihre Visitenkarte!

Viele Unternehmen geben viel Geld für Werbung aus, um in der Öffentlichkeit ein positives Image zu schaffen und zu festigen. Dennoch formulieren und gestalten sie ihre Geschäftskorrespondenz absolut unprofessionell. Dabei übersehen sie, dass jeder Brief eine Visitenkarte ihres Unternehmens ist – eine positive oder eine negative.

Die Korrespondenz hat sich in den letzten Jahren mit einer atemberaubenden Geschwindigkeit entwickelt und gewandelt. Dabei spielen die elektronischen Medien wie Internet, Intranet, Telefax und E-Mail eine entscheidende Rolle.

In diesem Buch erfahren Sie, was Sie über die moderne Geschäftskorrespondenz wissen müssen, um erfolgreiche Briefe zu schreiben:

- Im ersten Teil haben wir in einem Lexikon alle für die Gestaltung und Formulierung wichtigen Details kurz und prägnant dargestellt.
- Im zweiten Teil finden Sie wichtige Informationen zu zentralen Themen der Geschäftskorrespondenz. Die dazu gehörenden Beispielbriefe zeigen Ihnen, wie Sie Ihre Mitteilungen auf den jeweiligen Anlass zugeschnitten formulieren können.

Mit Hilfe der CD-ROM können Sie alle Briefe direkt in Ihre Textverarbeitung übernehmen. Sie müssen nur noch die Anschrift und die Anrede einsetzen – und ab geht die Post! Schneller, sicherer und kostengünstiger können Sie Ihre tägliche Geschäftskorrespondenz nicht erledigen.

Lexikon

Tipps und Tricks für erfolgreiche Geschäftsbriefe

In diesem Lexikon erfahren Sie alles, was Sie über die Formulierung und die Gestaltung perfekter Briefe wissen müssen. Sie finden alle Informationen unter dem jeweiligen Stichwort. Querverweise auf weitere interessante Begriffe sind durch das Symbol „→" gekennzeichnet. Diese Mischung hat vier entscheidende Vorteile:

- Sie erhalten schnell einen umfassenden Überblick über die wichtigsten Erfolgsfaktoren der modernen Geschäftskorrespondenz.
- Bei konkreten Fragen können Sie direkt unter dem Stichwort nachschauen und erhalten umfassende Antworten.
- Die Praxistipps können Sie direkt umsetzen.
- Die Ratschläge helfen Ihnen, typische Fehler beim Formulieren und Gestalten Ihrer Briefe zu vermeiden.

Viel Erfolg bei der Umsetzung der Tipps und Tricks in Ihrer täglichen Geschäftskorrespondenz!

Abkürzungen

Abgekürzte Wörter, die im vollen Wortlaut gesprochen werden, also so, als seien sie gar nicht abgekürzt, erhalten einen Punkt. Er wird ohne einen Leerschritt an das abgekürzte Wort gesetzt. Verwenden Sie in Ihren Briefen mehrere Abkürzungen hintereinander, müssen Sie die abgekürzten Wörter durch einen Leerschritt voneinander trennen. Hier einige Beispiele:

Aussprache wie voller Wortlaut

- usw. = und so weiter
- u. a. = unter anderem

- z. B. = zum Beispiel
- i. A. = im Auftrag
- o. a. = oben angegebene

Buchstäbliche Aussprache

Wenn Sie Abkürzungen verwenden, die buchstäblich oder wie selbstständige Wörter gesprochen werden, müssen Sie diese ohne einen Punkt und ohne Leerschritt schreiben:

- DIN = Deutsche Industrie Norm
- Pkw = Personenkraftwagen
- Lkw = Lastkraftwagen
- OHG = offene Handelsgesellschaft
- AG = Aktiengesellschaft
- EG = Europäische Gemeinschaft
- BGB = Bürgerliches Gesetzbuch
- USA = United States of America

Abkürzungen in Briefen verwenden oder nicht?

Verzichten Sie in Ihrer Geschäftskorrespondenz auf Abkürzungen. Sie wirken bürokratisch und unpersönlich. Außerdem werden sie oft nicht oder falsch verstanden, weil sie für den Leser eine andere Bedeutung haben. ◄

Absätze

Durch sinnvolle Absätze verbessern Sie die Lesbarkeit und den optischen Gesamteindruck Ihrer Briefe. Jeder Absatz muss durch eine Leerzeile vom vorhergehenden und vom nachfolgenden Text getrennt werden. Häufig beobachtet man in Briefen zwei typische Fehler:

Typische Fehler

- nur eine Zeilenschaltung am Ende einer Zeile,
- Einzüge in der ersten Zeile des Absatzes.

Achten Sie in Ihren Briefe auf eine professionelle Absatzgestaltung. Die Leerzeilen sind im folgenden Beispiel durch das Symbol ↵ gekennzeichnet.

Sehr geehrte Frau Horstmann,
↵
vielen Dank für das freundliche Telefonat.
↵
Mit diesem Schreiben erhalten Sie das versprochene Angebot. Wenn Sie es annehmen möchten, senden Sie es uns bitte innerhalb der nächsten zwei Wochen unterschrieben zurück. Danke!
↵
Freundliche Grüße aus Hannover

So gestalten Sie das Layout Ihrer Briefe professionell

Geben Sie zunächst den kompletten Text ein. Gestalten Sie dann in einem zweiten Schritt das Layout, indem Sie sinnvolle Absätze machen. Achten Sie darauf, dass zusammenhängende Informationen nicht auseinandergerissen werden. ◀

Abschnitte

Abschnitt nennt man einen Teil eines Textes, der durch Gliederung, eine Abschnittsnummer oder eine Abschnittsüberschrift gekennzeichnet ist. Abschnitte werden mit je einer Leerzeile vom vorhergehenden und vom nachfolgenden Text abgesetzt. Nach einer Abschnittsnummer steht kein Punkt. Wenn die Abschnittsüberschriften mehrzeilig sind, beginnt die zweite Zeile in der Fluchtlinie der ersten. Der Text unter den Überschriften beginnt in gleicher Linie mit dem Anfang der Abschnittsnummer.

↵
1.1 Der Tagesablauf
↵
Das Training beginnt um 10 Uhr. Wir treffen uns im Seminarraum „Köln"
im 1. Stock des Hotels.
↵
1.1.1 Pausenregelung
↵
Die Kaffeepausen werden mit dem Seminarleiter abgestimmt. Das gemeinsame Mittagessen findet von 12.30 Uhr bis 14 Uhr im Restaurant des Hotels
statt.
↵

Zwei Leerzeichen erleichtern die Lesbarkeit

Fügen Sie nach der Abschnittsnummer mindestens zwei Leerzeichen ein, bevor Sie mit dem Abschnitts-Überschriftentext beginnen. Das erleichtert die
Lesbarkeit.   ◀

Absender

Achten Sie bei Ihrer Korrespondenz grundsätzlich darauf, dass der Absender
gut erkennbar ist. Dies ist wichtig, damit Sie Ihre Briefe zurückerhalten, falls
sie nicht zustellbar sind.

Postrückläuferanschrift verwenden

Am elegantesten lösen Sie dieses Problem, indem Sie die → Postrückläufer-
Anschrift über die Anschrift des Empfängers schreiben. Diese Lösung hat zwei
Vorteile: Sie müssen den Absender nicht noch einmal auf den Umschlag
schreiben und Ihr Name und Ihre Anschrift erscheinen im Fenster des Briefumschlags. So erkennt der Empfänger auf den ersten Blick, wer ihm schreibt. ◀

Anführungszeichen

Direkte Rede, wörtliche Zitate, Eigennamen sowie Buch- und Zeitschriftentitel werden durch Anführungszeichen gekennzeichnet. Sie werden ohne ein Leerzeichen jeweils direkt vor und hinter den Text gesetzt. Es wird zwischen zwei Arten von Anführungszeichen unterschieden:

- gerade und
- typographische Anführungszeichen.

Es hängt von Ihrer ganz persönlichen Vorliebe ab, welche Art der Anführungszeichen Sie verwenden. Entscheiden Sie sich jedoch pro Text ausschließlich für eine Variante.

Wann Sie Anführungszeichen verwenden

Das Wochenmagazin „FOCUS" schreibt in der neuesten Ausgabe dazu: „Diese Software hat sich in der Praxis bewährt und ist ihr Geld wirklich wert."

Der Computerexperte Jürgen Hansen sagte in einem Interview: „Das Produkt ist wirklich konkurrenzlos günstig!"   ◄

Falls Sie in einer direkten Rede ein weiteres Anführungszeichen verwenden möchten, müssen Sie so genannte halbe Anführungszeichen nutzen.

Halbe Anführungszeichen

„Nach meinen Erfahrungen ist ‚Das Handelsblatt' eine der populärsten Wirtschaftszeitungen in Deutschland."   ◄

Anlagevermerk

Im Anlagevermerk weisen Sie den Leser auf die Unterlagen hin, die Sie zusammen mit Ihrem Brief versenden. Das Worte „Anlagen" steht linksbündig mit einem Abstand von drei Leerzeilen zur Grußformel oder einer Leerzeile Abstand zur maschinenschriftlichen Wiederholung des Unterzeichners.

↵
Freundliche Grüße nach Frankfurt
↵
↵
↵
Susanne Breitenbach
↵
Anlagen
Angebot
Prospekt
Referenzliste

Verwenden Sie eine andere Variante des Anlagevermerks

Sie können Sie den Anlagevermerk auch neben die Grußformel setzen. Der Abstand vom linken Rand bis zum Beginn des Wortes „Anlagen" beträgt exakt 125,7 Millimeter. Durch diese Form des Anlagevermerks können Sie häufig auf eine zweite Briefseite verzichten.   ◀

Freundliche Grüße nach Frankfurt	**Anlagen**
	Angebot
Susanne Breitenbach	Preisliste
	Zwei Warenproben

Anrede

Die Anrede des Empfängers wird linksbündig geschrieben. Zwischen dem → Betreff und der Anrede müssen Sie zwei Leerzeilen Abstand lassen. Die Anrede endet mit einem Komma und wird durch eine Leerzeile vom Brieftext getrennt. Das erste Wort des Brieftextes wird kleingeschrieben, falls es sich nicht um ein Substantiv oder eine direkte Anrede handelt.

⏎

Rhetorik-Training

⏎

⏎

Sehr geehrter Herr Furtwängler,

⏎

vielen Dank für das freundliche Telefonat und Ihre interessanten Unterlagen. Mit diesem Schreiben erhalten Sie meine Anmeldung.

⏎

Welche Form der Anrede ist richtig?

Die Form der Anrede hängt von Ihrer Beziehung zum Empfänger des Briefes ab. Je persönlicher der Kontakt, desto eher können Sie auch Anreden wie „Guten Tag, Frau Horstmann" oder „Hallo Gerhard" verwenden.

Kennen Sie den Empfänger nicht namentlich? Dann verwenden Sie die allgemeine Anrede „Sehr geehrte Damen und Herren". Wenn Sie zwei Personen ansprechen, wird in der Geschäftskorrespondenz immer die hierarchisch höher gestellte Person als erstes angesprochen: „Sehr geehrter Herr Dr. Jansen, sehr geehrte Frau Jürissen". Auch diese Form der Anrede steht in einer Zeile. ◄

Anschrift

Über 95 Prozent aller Briefe erreichen den Empfänger innerhalb Deutschlands einen Tag nach der Einlieferung. Die Deutsche Post AG will diesen Wert in den nächsten Jahren weiter verbessern. Dies ist allerdings nur möglich, wenn die Anschrift maschinell lesbar ist.

Formvorschriften beachten

Beachten Sie unbedingt die Hinweise zur Gestaltung der Anschrift, damit Ihre Briefe Ihre Kunden und Geschäftspartner möglichst schnell erreichen. ◄

Damit die Anschrift in das Fenster des → Briefumschlags passt, darf sie nicht größer als 40 × 85 Millimeter sein. Für die Anschrift stehen Ihnen maximal neun Zeilen zur Verfügung:

Maximal neun Zeilen

1. Zeile: Sendungsart/Versendungsform/Vorausverfügung
2. Zeile: Leerzeile oder Fortsetzung der Zeile 1
3. Zeile: Anrede/Titel
4. Zeile: Vorname und Name
5. Zeile: Postfach/Straße und Hausnummer
6. Zeile: Leerzeile
7. Zeile: Postleitzahl und Ort
8. Zeile: Leerzeile
9. Zeile: Bestimmungsland bei Auslandsanschriften

Beispiele für Inlandsanschriften

Die folgenden Beispiele zeigen Ihnen, wie Sie Ihre Inlandsanschriften gestalten müssen, damit sie maschinell verarbeitet werden können.

Praxis-Beispiel

Frau Gaby Lindemann
Herrn Gerhard Lindemann
Aachener Straße 9
↵
51145 Köln

Frau
Gabriele Hansen
Aachener Straße 9
↵
51145 Köln

Herrn Professor
Jürgen Benedikt
Aachener Straße 119
↵
51145 Köln

Herrn Rechtsanwalt
Dr. Klaus-Jürgen Liefers
Albert-Einstein-Straße 91
↵
60437 Frankfurt a. M.

Einschreiben mit Rückschein
↵
Finanzamt
Wuppertal-Elberfeld
Postfach 10 02 09
↵
42002 Wuppertal

Warensendung
↵
Gerhard Fendrich GmbH
Claudia Seiffert
Abteilung Einkauf
Postfach 33 66 99
↵
14473 Potsdam

Frau
Dr. Gabriele Jensen
Aachener Straße 299
↵
51146 Köln

Herrn Direktor
Roland Berger
Vester AG
Postfach 70 71 70
↵
42113 Wuppertal

Herrn
Dipl.-Ing. Peter Vestermann
Postfach 70 71 70
↵
60437 Frankfurt a. M.

Nicht nachsenden
Einschreiben
Frau Professor
Dr. Renate Hahn
Jurastraße 59
↵
81677 München

Frau Susanne Fröhlich
Vorsitzende des Vorstands
KUIX AG
Postfach 70 71 70
↵
75837 Mannheim

Vermeiden Sie sechs typische Fehler bei der Adressierung:

Typische Fehler
- Postleitzahl und Ort werden unterstrichen.
- Der Ortsname wird gesperrt geschrieben.
- Die komplette Anschrift wird nicht linksbündig geschrieben, sondern die Postleitzahl wird nach links versetzt.

- Zwischen der Straße bzw. dem Postfach und der Postleitzahl mit dem Ortsnamen wird keine Leerzeile gelassen.
- Es wird das Postfach und zusätzlich die Straße angegeben.
- Die Schrift ist zu klein oder zu groß. Sie muss mindestens 10 Punkt und darf höchstens 14 Punkt betragen.

Ansprechpartner

Geben Sie in Ihren Briefen immer einen Ansprechpartner mit der telefonischen → Durchwahl an. So vermeiden Sie, dass ein Kunde oder ein Geschäftspartner mehrfach verbunden werden muss, wenn er wegen einer zusätzlichen Information oder einer Frage anruft. Das → PS ist besonders gut für diesen Hinweis geeignet.

> Freundliche Grüße aus Köln
>
> *Susanne Breitenbach*
>
> PS: Haben Sie Fragen zu diesem Angebot oder benötigen Sie weitere Informationen? Dann rufen Sie einfach Herrn Severin an: (0 69) 22 32 45. Sie erreichen ihn montags bis freitags zwischen 8.00 und 17.00 Uhr.

Aufzählungen

Durch Aufzählungen können Sie den optischen Eindruck und die Lesbarkeit Ihrer Geschäftsbriefe deutlich verbessern. Alle Textverarbeitungsprogramme bieten Ihnen die Möglichkeit, Aufzählungen optisch zu gestalten.

Nutzen Sie die grafischen Elemente der Textverarbeitung

Verwenden Sie für Ihre Aufzählungen geeignete Symbole, etwa ◆, • oder →. Trennen Sie den Beginn und das Ende der Aufzählung durch eine Leerzeile. Sie können Aufzählungen optisch besonders hervorheben, indem Sie sie einen Zentimeter einrücken. ◂

Unser Produkt bietet Ihnen drei entscheidende Vorteile:
↵
1.   Hohe Qualität
2.   Drei Jahre Garantie
3.   Günstiger Preis
↵
Überzeugen Sie sich selbst: Bestellen Sie noch heute kostenlos und völlig unverbindlich eine Warenprobe.

Wenn Sie die Aufzählung in einem kompletten Satz formulieren, steht hinter jedem Element ein Komma. Hinter dem letzten Teil der Aufzählung steht ein Punkt, da der Satz endet.

Unsere Trainings sind
↵
1.   praxisnah,
2.   teilnehmerorientiert,
3.   mit Videoanalyse und
4.   mit intensivem Feedback für jeden Teilnehmer.
↵
Überzeugen Sie sich selbst: Besuchen Sie unseren kostenlosen Schnupper-Workshop am 15. September in Düsseldorf.

Experten-Tipp

Aufzählungen verbessern die Lesbarkeit

Nutzen Sie dieses Gestaltungs- und Gliederungselement so oft wie möglich. Es erleichtert die Aufnahme der Informationen und gibt Ihren Briefen einen professionellen optischen Eindruck. Nutzen Sie für die Aufzählungen vor allem wichtige und interessante Details.

Auslandsanschrift

Auslandsanschriften müssen Sie mit zwei Ausnahmen ebenso gestalten wie Inlandsanschriften:

- Der Empfänger sowie der Bestimmungsort und das Bestimmungsland werden nicht durch eine Leerzeile getrennt.
- Das Bestimmungsland und der Bestimmungsort werden in Großbuchstaben geschrieben.

> Monsieur
> Veronique Lebichot
> Rue du Logis 44
> 54300 LUNEVILLE
> FRANKREICH

> Mevrouw J. de Boer
> Poste restante A. Cuypstraat
> Postbus 99730
> 1000 NA AMSTERDAM
> NIEDERLANDE

Tipp für die Gestaltung von Auslandsanschriften

Setzen Sie das Länderkennzeichen mit einem Bindestrich vor die Postleitzahl. Dann können Sie auf die Angabe des Landes unterhalb der Stadt verzichten. Für eine dänische Anschrift sieht das dann so aus: DK-67000 ESBJERG. ◄

Bankleitzahlen

Bankleitzahlen werden besonders gegliedert: Dreierblock, Leerzeichen, Dreierblock, Leerzeichen, Zweierblock. Außerdem wird der Zahl die Abkürzung BLZ ohne Doppelpunkt vorangestellt: BLZ 100 110 54.

Bankverbindung

Viele Freiberufler und Firmen drucken die Bankverbindung fest auf ihren Geschäftsbriefbogen ein. Dies schränkt die Verwendung erheblich ein, da man ihn nicht mehr für jeden Anlass verwenden kann, etwa für einen Glückwunsch oder ein Kondolenzschreiben.

Geben Sie die Bankverbindung in Ihren Geschäftsbriefen nur dann an, wenn es wirklich sinnvoll und notwendig ist. Dies gilt vor allem bei Rechnungen oder in Mahnschreiben. Das → PS ist besonders gut für den Hinweis auf die Kontoverbindung geeignet.

Freundliche Grüße

Peter Gernhardt

PS: Bitte überweisen Sie den Rechnungsbetrag ohne Abzüge auf das Konto 23 45 67 89 bei der Stadtsparkasse München, Bankleitzahl 701 500 00. Danke!

Betreff

Vor einigen Jahren wurde der Betreff ausschließlich in Werbebriefen verwendet. Inzwischen werden die Vorteile der Betreffzeile auch in der Geschäftskorrespondenz genutzt:

- Der Betreff wird fast immer gelesen.
- Die „Botschaft" des Briefes wird wie in einer Überschrift auf den Punkt gebracht.
- Der Leser weiß sofort, worum es in dem Schreiben geht.

Der Betreff wird linksbündig ohne das Wort „Betreff" mit einem Abstand von zwei Zeilen zum Anschriftenfeld geschrieben. Lassen Sie zwischen Betreff und der Anrede zwei Leerzeilen.

Wie kann man den Betreff optisch hervorheben?

Heben Sie den Betreff durch Fettdruck optisch hervor. Verschenken Sie den hohen Aufmerksamkeitswert der Betreffzeile nicht durch Formulierungen wie „Ihr Schreiben vom 19. Januar 2002". Bringen Sie den Inhalt auf den Punkt. Die Vorteile und der Nutzen für den Leser eignen sich besonders gut für die Überschrift Ihrer Briefe: „Sparen Sie Heizkosten und schonen Sie gleichzeitig die Umwelt!" Scheuen Sie sich nicht, zweizeilige Betreffzeilen zu formulieren. Das gibt Ihren Briefen einen schönen optischen Aufhänger.   ◄

↵

Entscheiden Sie sich für Qualität
und sparen Sie gleichzeitig mehrere tausend Euro pro Jahr!
↵
↵

Sehr geehrte Frau Heinrich,
↵
vielen Dank für das freundliche und informative Telefonat. Mit diesem Schreiben erhalten Sie das versprochene Angebot.
↵

Bezugszeichenzeile

In vielen Geschäftsbriefbögen ist die Bezugszeichenzeile fest eingedruckt. Einige typische Elemente:

- Ihr Zeichen
- Ihre Nachricht
- Unser Zeichen
- Name
- Telefon
- Datum

Typische
Elemente

Unterhalb dieser Bezugszeichen werden die individuellen Daten maschinenschriftlich ergänzt.

Experten-Tipp

| **Bezugzeichenzeile nicht unbedingt sinnvoll**

Verzichten Sie bei der Gestaltung Ihres Geschäftsbriefbogens auf die Bezugs-zeichenzeile, denn sie hat entscheidende Nachteile:

- Sie haben weniger Platz für den Brieftext.

- Ihre Schreiben wirken bürokratisch und unpersönlich.

- Die Verwendbarkeit Ihres Briefbogens wird stark eingeschränkt.

Nutzen Sie stattdessen die Vorteile des → Informationsblocks. Er muss nicht fest eingedruckt werden und lässt sich mit jeder Textverarbeitung individuell gestalten und positionieren.   ◄

Bindestrich

Schreiben Sie Kopplungen und Aneinanderreihungen mit einem Binde-strich. Das sieht besser aus und verbessert gleichzeitig die Lesbarkeit. Die einzelnen Elemente werden ohne Leerschritt geschrieben:

- DIN-A5-Format
- Mund-zu-Mund-Beatmung
- 6-Zylinder-Motor
- Schwimm-Meisterschaft

Im Unterschied zum Bindestrich wird vor und nach jedem → Gedanken-strich ein Leerzeichen gesetzt.

Blocksatz

Für Korrespondenz nicht sinnvoll

98 Prozent der Geschäftskorrespondenz werden inzwischen mit dem Perso-nalcomputer geschrieben. Häufig werden dabei auch Gestaltungsmöglich-keiten genutzt, die nicht sinnvoll sind. Eine typische „Sünde" in der mo-dernen Geschäftskorrespondenz ist der Blocksatz. Dabei wird der Brieftext so formatiert, dass alle Zeilen die gleiche Länge haben. Dadurch entstehen zwischen den einzelnen Wörtern unterschiedlich große Zwischenräume.

Vielen Dank für das freundliche Gespräch in Ihrem Hause. Ich habe der Geschäftsleitung Ihren Vorschlag präsentiert und wir haben ihn ausführlich diskutiert. Das Ergebnis: Wir nehmen Ihr Angebot an. Bitte teilen Sie uns mit, bis zu welchem Termin die Installation abgeschlossen sein wird und mit welchen Kosten wir rechnen müssen.

Wissenschaftliche Untersuchungen haben gezeigt, dass Brieftexte in Blocksatz schlechter lesbar sind. Außerdem wirkt der Brief durch die Formatierung steril und unpersönlich.

Verwenden Sie den Flattersatz

Verwenden Sie für Ihre Briefe den so genannten „Flattersatz". Dabei wird der Text ohne eine zusätzliche Formatierung gedruckt. Der Vorteil: Durch die unterschiedliche Länge der einzelnen Zeilen wirkt der Brief lebendiger und individueller.

Werbetexter sind inzwischen sogar dazu übergegangen, vollständig auf die Trennung zu verzichten. Der Grund: Der Inhalt der Briefe kann schneller und einfacher erfasst werden, weil zusammenhängende Informationen nicht auseinandergerissen werden. Das folgende Beispiel zeigt einen Brieftext im typischen Flattersatz.

Vielen Dank für das freundliche Gespräch in Ihrem Hause. Ich habe der Geschäftsleitung Ihren Vorschlag präsentiert und wir haben ihn ausführlich diskutiert. Das Ergebnis: Wir nehmen Ihr Angebot an. Bitte teilen Sie uns mit, bis zu welchem Termin die Installation abgeschlossen sein wird und mit welchen Kosten wir rechnen müssen.

Briefanfang

Verzichten Sie in Ihren Briefen auf → Floskeln und lange Einleitungen. Kommen Sie direkt mit dem ersten Satz zum Thema Ihres Briefes. So wecken Sie das Interesse des Lesers. Das fällt Ihnen besonders leicht, wenn Sie einen interessanten → Betreff formulieren.

Briefbogen

Bestandteil der Corporate Identity Ein professionell gestalteter Briefbogen ist für den Erfolg Ihrer Korrespondenz mindestens so wichtig wie der Inhalt und die Formulierungen. Erfolgreiche Unternehmen zeichnen sich durch ein unverwechselbares Image – die so genannte → Corporate Identity – aus. Ein wesentliches Element eines professionellen Marketings ist ein einheitliches Erscheinungsbild, das so genannte → Corporate Design. Dabei geht es vor allem um zwei Faktoren:

1. Die Aufmachung und Gestaltung der → Geschäftspapiere.
2. Das Design und die Farbgebung des → Logos.

Lassen Sie sich von einem Experten beraten

Ein erfahrener Grafiker berät Sie gerne bei der Gestaltung und beim Druck Ihres Briefbogens. Das ist nicht gerade preiswert, doch Ihr Geld ist gut investiert. Die professionelle und auf Ihr Image abgestimmte Gestaltung des Briefbogens sowie die Entwicklung eines Logos sind langfristige Investitionen.

Die Entwicklung und der Druck eines Geschäftsbriefbogens kostet zwischen 500 und 1.000 Euro. Je mehr Farben Sie verwenden, desto höher sind die Kosten. Für die Entwicklung eines Logos müssen Sie zwischen 1.000 und 3.000 Euro investieren.   ◄

Briefgeheimnis

Die Unverletzlichkeit des Briefverkehrs ist durch das Postgeheimnis in Artikel 10 des Grundgesetzes gewährleistet. Das vorsätzliche, unbefugte Öffnen eines verschlossenen Briefes wird nach § 202 des Strafgesetzbuches mit einer Freiheitsstrafe bis zu einem Jahr bestraft.

Immer wieder kommt es zu Missverständnissen und Streitigkeiten, weil nicht klar geregelt ist, wer bestimmte Briefe öffnen darf und wer nicht. Entscheidend ist die Anschrift des Briefes: Wird der Name des Empfängers vor dem Firmennamen genannt, darf der Brief nur von der genannten Person geöffnet werden.

Anschrift ist entscheidend

> Frau
> Susanne Demand
> Krüger und Söhne KG

Der wie folgt adressierte Brief darf auch von einem anderen Mitarbeiter geöffnet werden, denn er richtet sich an das Unternehmen.

> Krüger und Söhne KG
> Susanne Demand

Verwenden Sie den Zusatz „persönlich"

Wenn Sie sicher sein wollen, dass der Brief nur von einer bestimmten Person geöffnet werden darf, sollten Sie vor die Anschrift den Vermerk „Persönlich" setzen. Das sieht dann so aus:

> Persönlich
> ↵
> Frau
> Susanne Demand
> Krüger und Söhne KG

Briefkopf

Die einheitliche Gestaltung von Briefbögen für die Geschäftskorrespondenz ist in der Deutschen Industrienorm → DIN 676 geregelt. In ihr ist festgelegt,

- welche Elemente ein Geschäftsbriefbogen enthalten muss,
- an welcher Position die Elemente eingedruckt werden müssen und
- in welcher Reihenfolge die einzelnen Elemente anzuordnen sind.

In der DIN 676 wird zwischen zwei Versionen eines Briefbogens unterschieden:

Sparbrief
- Form A, die so genannte „Sparbrief-Version": Diese Variante zeichnet sich durch einen kleinen Briefkopf aus, der maximal 27 Millimeter hoch sein darf.

Normalbrief
- Form B, die so genannte „Normalbrief-Version": In dieser Variante ist Platz für einen größeren Briefkopf, der bis zu 45 Millimeter hoch sein darf.

Für welche Variante Sie sich entscheiden, hängt sowohl von der Verwendung des Briefbogens als auch von der Form und Größe Ihres Firmenlogos ab. Die „Sparbrief-Version" bietet mehr Platz für den Brieftext, die „Normalbrief-Version" lässt Ihnen einen größeren Freiraum für die Gestaltung des Logos und der Firmenangaben.

Experten wissen, worauf es ankommt

Lassen Sie sich bei der Gestaltung Ihres Briefbogens von einem professionellen Grafiker beraten. In der modernen Geschäftskorrespondenz setzt sich die „Sparbrief-Version" immer mehr durch, weil sie mehr Platz für den Brieftext bietet. Die meisten Texte lassen sich dann auf einer Seite unterbringen. Dies erleichtert das Lesen und bedeutet gleichzeitig eine erhebliche Kosten- und Zeitersparnis bei der Bearbeitung der täglichen Korrespondenz.

Brieflänge

Möglichst nur eine Seite
In der modernen Geschäftskorrespondenz gilt: Man kann über alles schreiben – nur nicht über eine Seite. Durch die professionelle Gestaltung des → Briefbogens und des → Informationsblocks haben Sie für den Brieftext so viel Platz, dass Sie in der Regel mit einer Seite auskommen.

Achten Sie auf die optimale Gestaltung

Immer wieder werden mehrseitige Briefe versandt, die auf der zweiten Seite nur noch die Grußformel und die Unterschrift enthalten. Durch eine bessere Gestaltung kann dies verhindert werden. Verzichten Sie lieber auf einen Absatz oder nutzen Sie einen kleineren Schrifttyp. Denn kurze Briefe sind wesentlich erfolgreicher. Sie können den eigentlichen Brieftext auch durch einen kleinen Trick verkürzen: Legen Sie Informationsmaterial dazu, auf das Sie in Ihrem Text hinweisen. So müssen Sie in Ihrem Anschreiben nicht auf alle Details eingehen.   ◀

Briefmarke

In vielen Firmen wird die gesamte Korrespondenz vollautomatisch mit Hilfe einer Frankiermaschine frankiert. Der Vorteil: eine enorme Zeit- und Kostenersparnis. Der Nachteil: Die Briefe wirken unpersönlich. *Frankiermaschine?*
Frankieren Sie Ihre Briefe daher bewusst und gezielt. Achten Sie dabei auch auf ausreichendes Porto. Eine Briefwaage ist immer eine gute Investition, die sich schnell amortisiert. Denn viele Briefe werden aus Unsicherheit überfrankiert.

Bei wichtigen und persönlichen Schreiben Briefmarke benutzen

Frankieren Sie wichtige und persönliche Briefe mit einer Briefmarke. Besonders gut geeignet sind Sonder- und Wohlfahrtsmarken. Analysen haben gezeigt, dass Werbebriefe, die mit einer Briefmarke frankiert sind, wesentlich erfolgreicher sind. Die höheren Kosten amortisieren sich daher sehr schnell.

Auch für Kondolenz-, Weihnachts- und Glückwunschbriefe sollten Sie unbedingt Briefmarken verwenden.   ◀

Briefschluss

Der erste Eindruck ist entscheidend – der letzte bleibt. Daher ist der Briefschluss genauso wichtig wie der → Briefanfang. Vermeiden Sie → Floskeln

und umständliche Formulierungen. Beenden Sie Ihr Schreiben mit einem persönlichen Satz. Verwenden Sie dabei unbedingt die beiden Wörter, die in deutschen Breiten leider immer noch selten sind: „bitte" und „danke".
Hier einige Beispiele:

Schlussformeln
- Ich freue mich auf Ihre Antwort.
- Nutzen Sie die Vorteile unseres Angebots und bestellen Sie gleich.
- Schönes Wochenende!
- Viel Spaß beim Lesen unseres neuen Katalogs!
- Ihre Fragen beantworte ich auch gerne telefonisch: (06 21) 21 74 65.
- Ich freue mich auf Ihren Besuch.
- Bitte senden Sie uns das unterschriebene Angebot zurück. Danke!
- Eine angenehme Anreise und eine erfolgreiche Veranstaltung!

Je persönlicher Ihr Schlusssatz formuliert ist, desto erfolgreicher wird Ihr Brief sein.

Brieftext

Der Brieftext beginnt mit dem Betreff oder direkt mit der Anrede des Empfängers. Wenn Sie eine Bezugszeichenzeile verwenden, beginnt der Brieftext zwei Leerzeilen darunter. Falls Sie mit einem → Informationsblock arbeiten, beginnt der Brieftext zwei Leerzeilen unterhalb des → Datums.

Auf Lesbarkeit achten
Verwenden Sie eine gut lesbare Schrift. In der modernen Geschäftskorrespondenz haben sich Standardschriften wie Arial, Times, Univers und Helvetica in der Schriftgröße 11 bis 13 Punkt bewährt. Schreiben Sie den Brieftext in Geschäftsbriefen immer einzeilig und trennen Sie die Absätze durch eine Leerzeile. Jeder neue Absatz beginnt linksbündig. Einzige Ausnahme: Der komplette Absatz wird aus optischen Gründen eingerückt.
Auf der folgenden Seite finden Sie ein Beispiel für die DIN-gerechte Gestaltung eines Briefes.

Praxis-Beispiel

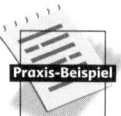

↵
Frau
Susanne Gerber
Am grünen Klee 17
↵
51145 Köln
↵

17. Oktober 2002

↵
Telefon-Training
↵
↵
Sehr geehrte Frau Gerber,
↵
vielen Dank für das freundliche Telefonat. Mit diesem Schreiben erhalten Sie die versprochenen Unterlagen.
↵
Möchten Sie an dem Training teilnehmen? Dann senden Sie uns bitte diese Unterlagen bis zum 30. Oktober 2002 zurück:
↵

Unterschriebenes Anmeldeformular
Hotelreservierung
Verrechnungsscheck über 400 Euro

↵
Wir freuen uns auf Sie und wünschen Ihnen eine angenehme Anreise.
↵
Freundliche Grüße aus München
↵
Petra Gernhardt
↵
Petra Gernhard
Assistentin der Geschäftsleitung
↵

Briefumschlag

Die Auswahl des richtigen Briefumschlags ist unter zwei Aspekten wichtig:

- Er muss zum Erscheinungsbild Ihres Unternehmens passen.
- Die Größe des Umschlags entscheidet über das Porto.

Experten-Tipp

Verwenden Sie einen Fensterbriefumschlag

Der Vorteil: Sie müssen die Anschrift nur einmal schreiben. Außerdem können Sie auf den Absender verzichten, weil die → Postrückläufer-Anschrift ebenfalls im Fenster erscheint. Entscheiden Sie sich immer für den Briefumschlag im kleinsten Format. Das spart Kosten, denn je größer der Umschlag, desto höher ist das Porto. Einen DIN-A4-Umschlag sollten Sie nur verwenden, wenn der Brief und die Unterlagen auf keinen Fall geknickt werden dürfen.

c/o

Häufig falsch verwendet

Die Abkürzung „c/o" bedeutet „per Adresse". In der deutschen Geschäftskorrespondenz wird es häufig als Ersatz für „zu Händen von" verwendet. Das ist falsch. Vermeiden Sie Missverständnisse und verzichten Sie in Ihrer Korrespondenz auf die Abkürzung „c/o".

Corporate Design

Jedes erfolgreiche Unternehmen hat ein unverwechselbares Image, das durch einen Firmennamen, ein geeignetes Logo und einprägsame Firmenfarben „transportiert" wird. Das gesamte Erscheinungsbild eines Unternehmens wird als „Corporate Design" bezeichnet.

Analysieren Sie Ihre Schriftstücke

Machen Sie einen kleinen Test und legen Sie alle → Geschäftspapiere Ihres Unternehmens nebeneinander auf den Schreibtisch. Ist ein eindeutiges und einheitliches Erscheinungsbild erkennbar? Wenn dies nicht der Fall ist, sollten Sie einen erfahrenen Grafiker mit der Gestaltung Ihres Briefbogens und der Geschäftspapiere beauftragen. Denn in der heutigen Informationsflut können Sie sich nur durch ein professionelles Corporate Design positiv von Ihren Mitbewerbern abheben.   ◄

Corporate Identity

Mit dem Begriff „Corporate Identity" wird der Zusammenhang zwischen dem Unternehmensauftritt und der Unternehmenskommunikation mit dem daraus resultierenden Erscheinungsbild in der Öffentlichkeit ausgedrückt. Das Erscheinungsbild muss positiv und unverwechselbar sein, damit der Kunde die Produkte, die Dienstleistung und die Mitarbeiter mit diesem Image in Verbindung bringt. Dies sind wesentliche Elemente einer erfolgreichen Corporate Identity:

- Beim Corporate Design – dem Erscheinungsbild des Unternehmens – geht es vor allem darum, einen unverwechselbaren Firmennamen, ein geeignetes Logo und einprägsame Firmenfarben festzulegen.   *Corporate Design*

- Ziel der Corporate Communications – der Unternehmenskommunikation – ist es, den Bekanntheitsgrad des Unternehmens durch Werbung, Presse- und Öffentlichkeitsarbeit zu erhöhen.   *Corporate Communications*

- Es müssen Verhaltensweisen festgelegt werden, die den Mitarbeitern und Kunden die Identifikation mit dem Unternehmen und seinen Zielen ermöglichen. Hier spricht man von Corporate Behaviour, also von Verhaltensrichtlinien des Unternehmens.   *Corporate Behaviour*

Beispiele für eine erfolgreiche Corporate Identity sind Coca-Cola, Vodafone und McDonald's.

Das Image ist ein entscheidender Erfolgsfaktor

Auch kleine Unternehmen sollten sich überlegen, wie sie in der Öffentlichkeit gesehen werden möchten. Dieses Image muss dann durch die Gestaltung der → Geschäftspapiere und des → Briefbogens deutlich werden.   ◄

Datum

In den meisten Geschäftsbriefen wird das Datum in der Reihenfolge Tag, Monat und Jahr geschrieben. Es werden zwei Varianten verwendet:

- Achtstellige Schreibweise: 14.11.02
- Zehnstellige Variante: 24.12.2002

In der aktuellen Version der → DIN 5008 wurde eine zusätzliche Schreibweise festgelegt, die sich an der internationalen Norm EN 28601 orientiert. Dort sind drei Varianten vorgesehen, und zwar immer in der Reihenfolge Jahr, Monat und Tag:

- Basisversion: 20020129
- Erweiterte Version: 2002-01-29
- Verkürzte Version: 02-01-29

Außerdem werden in der DIN 5008 noch diese Schreibweisen vorgeschlagen:

- 04.10.2002
- 4.10.02
- 4. Okt. 2002
- 4. Oktober 2002

Verwenden Sie die ausführliche Version

Die neuen Schreibweisen führen in der Praxis zu Irritationen und Missverständnissen. Entscheiden Sie sich daher für die ausführliche Version in der bisherigen Reihenfolge Tag, Monat, Jahr: Die Schreibweise „13. Dezember 2002" gibt Ihren Briefen eine persönliche Note und ist eindeutig.

Verzichten Sie auf die Angabe des Ortes. Die Variante „Berlin, den 13. Dezember 2002" wird in der modernen Geschäftskorrespondenz nicht mehr verwendet. Positionieren Sie das Datum so, dass es optisch gut aussieht. In der Praxis hat sich die rechtsbündige Schreibweise bewährt. ◀

Diktatzeichen

Diktatzeichen sind immer dann sinnvoll, wenn mehrere Mitarbeiter in Ihrem Unternehmen arbeiten. Nur durch diese Kürzel können Briefe eindeutig zugeordnet werden. Diktatzeichen werden in Kleinbuchstaben geschrieben: st-kr. Dieses Kürzel bedeutet, dass Herr Steinberg (st) für den Brief inhaltlich verantwortlich ist und Frau Kreitschmann (kr) den Brief als Sekretärin geschrieben hat. Zwischen den beiden Zeichen steht ein Bindestrich.

Eindeutige Zuordnung

Das Diktatzeichen steht entweder im → Informationsblock oder in der → Bezugszeichenzeile, und zwar hinter dem Kürzel „Unser Zeichen". Das folgende Beispiel zeigt den Briefkopf mit Anschrift und Informationsblock.

Dr. Jürgen Friedrich
Steuerberater

Einschreiben	**Ihr Zeichen:** ja-ha
↵	**Ihre Nachricht vom:** 2. Mai 2002
Frau Dr.	**Unser Zeichen:** kl-ge
Irene Greinlich	**Unsere Nachricht vom:** 28. April 2002
Bilker Allee 225	**Ihr Ansprechpartner:** Herr Drillich
↵	**Telefon:** 0211 4567-33
40227 Düsseldorf	**Telefax:** 0211 4567-28
↵	
	Datum: 14. Mai 2002

DIN 676

Deutsche
Industrie-Norm

Die Abkürzung „DIN" bedeutet **D**eutsche **I**ndustrie-**N**orm. Die DIN 676 ist vom Normenausschuss „Bürowesen" erarbeitet worden und legt Richtlinien zur Gestaltung von Geschäftsbriefbögen vor. In der Norm sind drei wichtige Punkte festgelegt:

- Welche Elemente muss ein Geschäftsbriefbogen enthalten?
- An welcher Position müssen die Elemente stehen?
- In welcher Reihenfolge müssen sie angeordnet werden?

Jeder erfahrene Grafiker kennt diese Norm und wird sie bei der Gestaltung Ihres → Briefbogens berücksichtigen.

Experten wissen, worauf es ankommt

Lassen Sie sich bei der Gestaltung Ihres Briefbogens von einem professionellen Grafiker beraten. In der modernen Geschäftskorrespondenz setzt sich die „Sparbrief-Version" immer mehr durch, weil sie mehr Platz für den Brieftext bietet. Die meisten Texte lassen sich dann auf einer Seite unterbringen. Das erleichtert das Lesen und bedeutet gleichzeitig eine erhebliche Kosten- und Zeitersparnis bei der Bearbeitung der täglichen Korrespondenz.   ◄

DIN 5008

Beschriftung
des Briefbogens

Die Abkürzung „DIN" bedeutet **D**eutsche **I**ndustrie-**N**orm. Die DIN 5008 wurde im Herbst 2002 erneut überarbeitet und regelt die Beschriftung eines Geschäftsbriefbogens. Alle Bestimmungen, Empfehlungen und Regeln dieser Norm finden Sie direkt unter dem jeweiligen Stichwort in diesem Lexikon. Wenn Sie die Tipps und Empfehlungen beachten, ist Ihre Korrespondenz auf dem aktuellsten Stand.

Doktortitel

Viele Empfänger legen besonderen Wert auf ihre Titel. Daher sollten Sie in Ihrer Geschäftskorrespondenz auf die richtige Schreibweise achten. Sowohl in der Anrede als auch in der Anschrift wird der Doktortitel abgekürzt.

In Anrede und Anschrift

Frau
Dr. Elisabeth Volkertz
Albert-Einstein-Straße 91
↵
60437 Frankfurt a. M.
↵

18. Oktober 2002

↵
Sehr geehrte Frau Dr. Volkertz,
↵

Durchwahl

Geben Sie in allen Geschäftsbriefen einen Ansprechpartner mit seiner telefonischen Durchwahl an. Das ist wichtig, damit der Empfänger sofort weiß, wen er ansprechen kann, wenn er Fragen hat oder weitere Informationen benötigt. Ein weiterer Vorteil: Sie vermeiden für Ihre Kunden und Geschäftspartner den lästigen Umweg über die Telefonzentrale.
Die Telefonnummer steht entweder im → Informationsblock oder in der → Bezugszeichenzeile. Falls Sie die Telefonnummer besonders herausstellen möchten, sollten Sie die Durchwahl zusätzlich im „PS" Ihres Briefes nennen. Das ist immer dann sinnvoll, wenn der Service für den Kunden einen besonderen Nutzen bedeutet.

Ansprechpartner angeben

PS: Wir sind rund um die Uhr für Sie da! Nutzen Sie für Ihre Fragen oder weitere Informationen unseren 24-Stunden-Service: 089 2259-67. Dieses Angebot gilt auch an Wochenenden und Feiertagen.

E-Mail

Der elektronische Briefverkehr gewinnt durch das Internet immer mehr an Bedeutung. Die Vorteile liegen auf der Hand:

Viele Vorteile
- Hohe Geschwindigkeit: Der Empfänger erhält den Brief innerhalb von Sekunden.
- Enorme Portoersparnis: Ein Standardbrief kostet inzwischen fast 60 Cent an Porto. Das E-Mail kann für wenige Pfennige in die ganze Welt versandt werden.
- Einfacher Versand von Dateien und Grafiken. Und die Unterlagen können vom Empfänger direkt weiterverarbeitet werden.

E-Mail-Anschrift unverzichtbar
Eine E-Mail-Adresse gehört heute zum Standard der Geschäftskorrespondenz. Sie erkennen sie an dem Symbol „@". Alles, was Sie für den elektronischen Briefverkehr brauchen, ist ein PC, eine Telefonleitung, ein Modem oder eine ISDN-Karte und die richtige Software.

Die Investition amortisiert sich durch die enorme Portoersparnis und die hohe Geschwindigkeit des Briefversands sehr schnell. Sie sollten allerdings immer bewusst entscheiden, welche Texte Sie elektronisch und welche Sie in Papierform als „normalen" Brief versenden.

Denken Sie an eindeutige Absenderangaben

Ihre E-Mails sollten grundsätzlich eine → Signatur mit allen wichtigen Informationen zum Absender enthalten. Nur so ist eine reibungslose Korrespondenz auf den unterschiedlichen Kommunikationswegen gewährleistet.   ◂

Einschreiben

In bestimmten Fällen müssen Sie beweisen können, dass der Empfänger Ihren Brief erhalten hat. Das gilt vor allem für Schreiben, bei denen eine → Frist eingehalten werden muss, etwa bei Kündigungen von Verträgen.

Gehen Sie auf Nummer sicher

Versenden Sie wichtige Schreiben als Einschreiben mit Rückschein. Das ist zwar etwas teurer, gibt Ihnen aber enorme Sicherheit: Sie erhalten ein Formular zurück, auf dem der Empfänger den Empfang Ihres Briefes durch seine Unterschrift bestätigt. Bei einem Prozess können Sie den fristgerechten Zugang problemlos beweisen.

Einstieg

Der erste Eindruck ist entscheidend. Verzichten Sie daher in Ihren Briefen auf → Floskeln und lange Einleitungen. Kommen Sie direkt mit dem ersten Satz zum Thema Ihres Briefes. Wecken Sie das Interesse des Lesers. Das fällt Ihnen besonders leicht, wenn Sie einen attraktiven → Betreff formulieren.

Erster Eindruck entscheidet

Euro

Für den Euro sind zwei Schreibweisen vorgesehen:

Zwei Schreibweisen

- EUR
- €

Für den Cent gibt es zur Zeit (noch) keine allgemein gültige Abkürzung. Verwendet werden zur Zeit „c" und „ct". Alle weiteren Informationen zur Schreibweise finden Sie unter dem Stichwort → Währung.

Falzmarkierungen

Achten Sie bei der Gestaltung Ihres Briefbogens auf die Falzmarkierungen. Der Vorteil: Die Kuvertierung Ihrer täglichen Geschäftskorrespondenz ist wesentlich einfacher. Außerdem ist sichergestellt, dass die Anschrift des Empfängers vollständig im Fenster des Briefumschlags sichtbar ist.

Fax

Schnell und
kostengünstig

Das Fax ist aus der Geschäftswelt nicht mehr wegzudenken. Der besondere Vorteil liegt im schnellen und kostengünstigen Versand. Nach Berechnungen von Experten könnten heute auch unter rechtlichen Aspekten bereits über 80 Prozent der gesamten Geschäftskorrespondenz per Fax erledigt werden. Dies wird auch durch eine Entscheidung des Bayrischen Oberlandesgerichts bestätigt. Danach sind Telefaxgeräte heute nachrichtentechnischer Standard und dürfen auch bei der Übermittlung wichtiger Unterlagen eingesetzt werden.

Diese Unterlagen dürfen Sie bedenkenlos faxen:

- Aktien-Kaufaufträge
- Anfragen
- Angebote
- Auftragsbestätigungen

- Bestellungen
- Einsprüche gegen Bußgeldbescheide
- Einsprüche gegen Steuerbescheide

Verwenden Sie ein Faxformular

Verwenden Sie auch für den Faxversand Ihren Geschäftsbriefbogen. Entwickeln Sie ein Faxformular, das alle wichtigen Angaben wie Absender, Anschrift, Telefonnummer, Telefaxnummer, Ansprechpartner, Datum und Anzahl der gefaxten Seiten enthält. Verzichten Sie auf unnötige Grafiken und gerasterte Schriften, weil dies die Übertragungsdauer unnötig verlängert und zusätzliche Kosten verursacht.

Wenn Sie den → Zugang Ihres Schreibens beweisen müssen, ist der Faxversand nicht sinnvoll. Nutzen Sie dann das → Einschreiben mit Rückschein.　◄

Fettdruck

Durch Fettdruck können Sie wichtige Elemente Ihres Briefes optisch her-vorheben. Der → Betreff wird immer fett gedruckt. Je sparsamer Sie dieses Stilmittel im Brieftext einsetzen, desto größer ist seine Wirkung.

Folgeseiten

Einseitige Briefe werden intensiver und aufmerksamer gelesen. Daher sollten Sie so oft wie möglich mit einer DIN-A4-Seite auskommen. Besteht Ihr Brief aus zwei Seiten, sollten Sie unten rechts auf der ersten Seite durch drei kleine Punkte auf die Folgeseite hinweisen. Der Hinweis steht am Fuß der Seite mit einem Abstand von mindestens einer Leerzeile zum Brieftext.
So könnte der Hinweis aussehen:

> Auf der folgenden Seite habe ich die wichtigsten Punkte für Sie zusammen-gefasst.
> ↵
>
> ...

Wenn es um wichtige und rechtsverbindliche Inhalte geht

Wenn es sich um einen wichtigen Brief mit rechtlichen Inhalten handelt, sollten Sie zusätzlich am oberen Rand der zweiten Seite durch den Vermerk „2. Seite des Schreibens vom 1. August 2002 an Herrn Jürgen Drillich" darauf hinweisen, dass der Brief mehrseitig ist.

Floskeln

Verzichten Sie in Ihrer Geschäftskorrespondenz auf → Füllwörter und Flos-keln. Noch immer endet fast jedes Angebot mit dem Satz: „Wir hoffen, Ihnen mit diesem Angebot gedient zu haben, und verbleiben mit freundli-chen Grüßen …".

Heben Sie sich vom Wettbewerb ab | Ihre Briefe werden nur dann erfolgreich sein, wenn Sie sich von den Mitbewerbern abheben. Konzentrieren Sie sich daher auf das Wesentliche und streichen Sie alle überflüssigen, unpersönlichen und bürokratischen Formulierungen.

Frankiermaschinen

Kuvertier- und Frankiermaschinen erleichtern die Verarbeitung der täglichen Geschäftskorrespondenz. Die Investition von mehreren tausend Euro lohnt sich allerdings nur, wenn Sie regelmäßig mehr als 50 Briefe pro Tag versenden. Persönliche Briefe sollten Sie nicht maschinell frankieren, sondern mit einer → Briefmarke versenden.

Fristen

Beim Versand rechtlich relevanter Briefe – etwa Kündigen oder Widersprüche – müssen Sie Fristen einhalten. Für die Einhaltung der Frist ist der → Zugang des Schreibens entscheidend.

Einschreiben mit Rückschein

Versenden Sie alle wichtigen Schreiben grundsätzlich als → Einschreiben mit Rückschein. Nur so können Sie bei einem Prozess beweisen, dass der Empfänger den Brief fristgemäß erhalten hat. Versenden Sie den Brief lieber ein paar Tage früher, damit er rechtzeitig ankommt. Die Zustellung durch einen Kurier ist zwar etwas teurer, aber wesentlich sicherer als der normale Briefversand. Außerdem erhalten Sie auch bei dieser Versandart einen Einlieferungsbeleg. ◄

Füllwörter

Verzichten Sie in Ihren Briefen auf Füllwörter, denn sie erschweren die Lesbarkeit und lassen Ihre Korrespondenz unpersönlich und bürokratisch wirken. Diese Wörter können Sie ab sofort ersatzlos streichen:

- diesbezüglich
- eigentlich
- nämlich
- nunmehr
- oben angegebene
- praktisch
- sozusagen
- vielmehr

Überflüssige Wörter

Gedankenstrich

Der Gedankenstrich ist ein gutes Stilmittel, um Satzteile besonders zu betonen oder hervorzuheben. Wenn Sie am PC arbeiten, erhalten Sie den Gedankenstrich, der ein wenig länger ist als der Bindestrich, indem Sie die Alt-Taste gedrückt halten und gleichzeitig die Ziffernfolge 0150 eingeben.

Alt 0150

Sehr geehrte Frau Gerber,
↵
vielen Dank für das freundliche Telefonat. Mit diesem Schreiben erhalten Sie – wie versprochen – die detaillierten Unterlagen.

Im Unterschied zum Gedankenstrich wird vor und hinter einem → Bindestrich kein Leerzeichen gemacht.

Geschäftspapiere

Neben einem professionell gestalteten → Briefbogen benötigen Sie weitere Geschäftspapiere:

- Briefbogen ohne Absenderangaben als 2. Seite eines Briefes
- Briefumschläge in verschiedenen Formaten
- Kurzmitteilungen
- Kataloge
- Lieferscheine
- Preislisten
- Prospekte
- Rechnungen
- Deckblatt für Telefaxe
- Visitenkarten

Welche Geschäftspapiere Sie benötigen, hängt davon ab, in welcher Branche Sie tätig sind und welche Kommunikationswege Sie nutzen möchten.

Professionalität ist Trumpf

Achten Sie bei der Gestaltung Ihrer Geschäftspapiere auf ein einheitliches Erscheinungsbild. Lassen Sie sich dabei von einem erfahrenen Grafiker oder einer Druckerei beraten. Denken Sie daran: Ein professionelles → Corporate Design, das zu Ihrem Image passt, ist ein wichtiges Erfolgskriterium für Ihre Geschäftskorrespondenz, Ihre Werbung und Ihr Marketing.

Gliederung

Sinnvolle Absätze   Durch sinnvolle → Absätze können Sie Ihren Brief gliedern. Das verbessert den optischen Eindruck und erleichtert das Lesen. Achten Sie darauf, dass zusammengehörige Informationen nicht auseinander gerissen werden und in einem Absatz stehen.

Grußformeln

Die Grußformel bildet den Abschluss des Brieftextes. Sie wird linksbündig mit einem Abstand von einer Leerzeile zum Brieftext gedruckt. Wird nach der Grußformel der Firmenname genannt, wird eine weitere Leerzeile eingefügt.

Ich freue mich auf unser Treffen in München.
↵
Bis dahin alles Gute.
↵
Jürgen Klauser GmbH
↵
Sabine Horstmann
↵
Sabine Horstmann

In den letzten Jahren sind sehr viele unterschiedliche Grußformeln entwickelt worden:

- Freundliche Grüße
- Herzliche Grüße
- Freundliche Grüße aus Nürnberg
- Bis zu unserem Meeting in Köln wünsche ich Ihnen alles Gute!
- Freundliche Grüße aus dem verregneten Hamburg
- Freundliche Grüße nach Flensburg
- Viele Grüße aus dem sonnigen Frankfurt
- Herzliche Grüße aus dem herbstlichen Osnabrück
- Bis zum 16. April in Berlin!
- Mit den besten Wünschen für Ihren Urlaub
- Bis dahin alles Gute!
- Bis bald!
- Alles Gute und ein schönes Wochenende!

Beispiele für Grußformeln

Verzichten Sie auf altmodische Formulierungen! Grußformeln wie „Hochachtungsvoll", „Mit vorzüglicher Hochachtung" und „Mit freundlichen Grüßen" wirken in der heutigen Geschäftskorrespondenz eher konservativ.

Altmodische Formeln vermeiden

Die Beziehung zum Empfänger ist entscheidend

Je persönlicher Ihre Beziehung zum Empfänger des Briefes, desto „lockerer" und individueller können Sie die Grußformel formulieren. Mit der Formulierung „Freundliche Grüße" liegen Sie immer richtig. Verzichten Sie darauf, den letzten Satz des Briefes mit der Grußformel zu kombinieren. Der Schlusssatz „Wir hoffen, Ihnen mit diesem Angebot gedient zu haben, und verbleiben mit freundlichen Grüßen ..." wird keinen Leser überzeugen, Ihre Offerte anzunehmen. ◄

Handschrift

Handschriftliche Briefe sind selten geworden. Aber gerade das ist Ihre Chance: Mit diesen individuellen Schreiben heben Sie sich von der Masse der „normalen" Geschäftskorrespondenz ab. Vor allem Einladungen, Glückwünsche und Kondolenzbriefe eignen sich dazu, sie mit einem Füllfederhalter zu schreiben.

Nutzen Sie Mischformen

Möchten Sie individuelle Einladungen versenden? Ist es zu aufwendig, den kompletten Text mit der Hand zu schreiben? Dann schreiben Sie die Anrede und die Grußformel handschriftlich und unterschreiben Sie mit Ihrem Vor- und Nachnamen. Den übrigen Text können Sie dann mit dem PC schreiben und eindrucken. ◄

Handy-Nummer

Das Handy gehört inzwischen zur „Standardausrüstung" von Selbstständigen, Unternehmern und Privatleuten. Lassen Sie die Nummer daher entweder fest in Ihren Briefbogen eindrucken oder weisen Sie im Brieftext darauf hin.

Hervorhebungen

Sie haben verschiedene Möglichkeiten, wichtige Informationen optisch hervorzuheben. Hier einige von ihnen:

- Unterstreichung
- Fettdruck
- Einrückung
- Zentrierung
- Größerer Schriftgrad
- Farbdruck

Setzen Sie Hervorhebungen bewusst ein

Je sparsamer Sie die einzelnen Stilmittel einsetzen, desto größer ist ihre Wirkung. Verzichten Sie auf Kursivschrift und gesperrten Druck. ◄

Experten-Tipp

i. A. / i. V.

Das Kürzel „i. A." bedeutet „im Auftrag", „i. V." steht für „in Vertretung". Beide Abkürzungen weisen auf eine Unterschriftsvollmacht hin. Setzen Sie diese Abkürzungen handschriftlich vor Ihre Unterschrift. Eine komplette Unterschrift mit Unterschriftsvollmacht sieht dann wie in dem folgenden Beispiel aus.

Unterschriftsvollmacht

Freundliche Grüße aus Potsdam
↵
CMO Consulting GmbH
↵
i. A. Klaus Meermann
↵
Klaus Meermann

Infobrief

Preiswerte Versand-möglichkeit

Mit dem Infobrief bietet Ihnen die Deutsche Post AG eine preiswerte Möglichkeit, inhaltsgleiche Briefe zu versenden. Die Vorteile des Infobriefs können Sie bereits ab 50 inhaltsgleichen Sendungen nutzen.

Als Infobrief können Sie nicht nur Einladungen, Pressemitteilungen oder Preislisten versenden, sondern auch Werbeartikel, Bücher und Zeitschriften. Nur Verkaufswaren sind vom Infobriefversand ausgenommen.

Verschenken Sie kein Geld

Nutzen Sie den Infobrief. Alle notwendigen Formulare, Preislisten und Informationen erhalten Sie an jedem Postschalter.   ◄

Informationsblock

Der Informationsblock setzt sich in der Geschäftskorrespondenz immer mehr durch und hat die → Bezugszeichenzeile inzwischen in vielen Bereichen verdrängt. Das hat zwei Gründe:

Mehr Platz

- Der Informationsblock steht rechts neben der Anschrift des Empfängers. Damit steht wesentlich mehr Platz für den Brieftext zur Verfügung.

Flexibel einsetzbar

- Im Gegensatz zur Bezugszeichenzeile wird der Infoblock nicht fest im Briefbogen eingedruckt, sondern mit dem PC geschrieben. Dadurch ist der Briefbogen flexibler einsetzbar.

Der Informationsblock enthält alle wichtigen Absenderangaben und das Datum des Briefes. Das folgende Beispiel zeigt eine Gestaltungsmöglichkeit.

Hans-Peter Klein
Malermeister
↵
Einschreiben   **Ihr Schreiben vom:** 2. Mai 2002
↵
Frau   **Ihr Ansprechpartner:** Herr Drillich
Katrin Beinlich   **Telefon:** 0211 4567-33
Bilker Allee 225   **Telefax:** 0211 4567-28
↵
40227 Düsseldorf   **Datum:** 14. Mai 2002

Inlandsanschriften

Die wichtigsten Informationen zur Schreibweise und zur Gestaltung von Inlandsanschriften finden Sie unter dem Stichwort → Anschrift.

Kundennummer

Vergeben Sie individuelle Kunden- oder Servicenummern. Der Vorteil: Schriftliche und telefonische Anfragen und Aufträge können einfacher zugeordnet und schneller bearbeitet werden. Geben Sie die Kundennummer entweder in → Informationsblock oder im → PS an. Der Hinweis sollte immer an derselben Stelle stehen. Am Telefon kann dann direkt danach gefragt werden.

Einfachere Zuordnung

Kursivdruck

Verzichten Sie in Ihrer Geschäftskorrespondenz auf diesen Schriftschnitt. Der Grund: Kursive Schrift ist schwer lesbar und wirkt außerdem altmodisch. Heben Sie wichtige Informationen und Elemente durch → Unterstreichen oder → Fettdruck hervor.

Altmodisch und schlecht lesbar

Kurzbrief

Spart Zeit
und Geld
Bei der Entwicklung und Gestaltung Ihrer → Geschäftspapiere sollten Sie unbedingt ein Formular für einen Kurzbrief konzipieren. Häufig genügt die Anschrift des Empfängers und eine handschriftliche Notiz, um wichtige Unterlagen oder eine aktuelle Preisliste zu versenden. Der Kurzbrief spart Zeit und Geld. Ein weiterer Vorteil: Der Kunde oder Geschäftspartner erhält die Informationen wesentlich schneller.

Nicht immer geeignet

Der Kurzbrief ist nicht immer geeignet. Für den Erstkontakt mit einem Kunden oder Geschäftspartner sollten Sie Ihren Briefbogen verwenden. Je besser und intensiver die Beziehung zum Empfänger, desto eher können Sie den Kurzbrief einsetzen.   ◀

Leerzeichen

Einer der häufigsten Fehler in der Geschäftskorrespondenz ist, dass nach einem Element das Leerzeichen fehlt. Dadurch wird die Lesbarkeit erheblich erschwert. Jeweils einen Leerschritt – also einmaliges Drücken der Leertaste – müssen Sie nach folgenden Elementen des Briefes einhalten:

- nach jedem Wort,
- nach Abkürzungen,
- nach Zahlen,
- nach einem Komma, einem Punkt, einem Frage- oder Ausrufzeichen sowie
- nach einem Doppelpunkt, einem Gedankenstrich oder einem Semikolon.

Einzige Ausnahme: Wenn Sie Zahlen durch einen Punkt gliedern, folgt danach kein Leerschritt. Beispiel: „Sie erhalten 2.500 Briefbögen mit Ihrem Logo".

Lesbarkeit

Ihre Briefe müssen auf den ersten Blick Lust machen, sie zu lesen. Daher ist die optische Gestaltung Ihrer Geschäftskorrespondenz ein entscheidender Erfolgsfaktor.

Lust zum Lesen

Neben dem → Briefbogen, der Textaufteilung, der → Schriftart und der optischen Gliederung ist auch die Schreibweise wichtig. Achten Sie vor allem auf diese Punkte:

- Gut lesbare Schrift, mindestens in der Größe 11 Punkt
- Ausreichender Rand
- Sinnvolle Absätze
- Optische Hervorhebungen wichtiger Elemente
- Betreff, der den Inhalt und die „Botschaft" auf den Punkt bringt
- Keine Abkürzungen, Fremdwörter, Floskeln und Füllwörter

Gehen Sie in folgender Reihenfolge vor:

- Überlegen Sie, was Sie mit Ihrem Brief erreichen wollen.
- Formulieren Sie einen prägnanten Betreff und den Brieftext.
- Gestalten Sie das Schreiben so, dass es gut lesbar ist.
- Formatieren Sie den Text so, dass er auf eine DIN-A4-Seite passt.
- Nutzen Sie die Rechtschreibprüfung Ihrer Textverarbeitung.
- Lesen Sie den Brief noch einmal durch.
- Lassen Sie wichtige Texte von einer zweiten Person überprüfen.

Lieferbedingungen

Immer wieder kommt es im Geschäftsleben zu Missverständnissen und Streitigkeiten, weil die Liefer- und Zahlungsbedingungen nicht eindeutig geregelt sind. Lassen Sie sich daher von einem erfahrenen Juristen beraten und entwickeln Sie individuelle Geschäftsbedingungen, in denen die wesentlichen Details eindeutig festgelegt sind. Legen Sie diese dann wichtigen

Individuelle Geschäftsbedingungen

Schreiben bei und weisen Sie in Ihrem Brieftext darauf hin. Viele Unternehmen drucken die Geschäftsbedingungen auch auf die Rückseite ihrer Rechnungen und Auftragsbestätigungen.

Lochungsmarkierung

Erleichtert Ablage

Achten Sie bei der Gestaltung Ihres → Briefbogens darauf, dass neben den → Falzmarkierungen auch eine Lochungsmarkierung eingedruckt wird. Dies erleichtert Ihren Kunden, Geschäftspartnern und den eigenen Mitarbeitern die Ablage wichtiger Schreiben.

Logo

Lassen Sie sich bei der Gestaltung Ihres → Briefbogens von einem erfahrenen Grafiker beraten. Dies ist besonders bei der Entwicklung eines Logos wichtig, denn es muss zu Ihrem Unternehmen, Ihrer Branche und Ihrem Image passen. Ein professionelles Logo gibt Ihrer Geschäftskorrespondenz ein unverwechselbares Gesicht. Die Entwicklungs- und Druckkosten für ein mehrfarbiges Logo sind zwar relativ hoch, die Investition amortisiert sich aber sehr schnell.

Experten-Tipp

Schwarz-Weiß-Version für Faxformular

Achten Sie darauf, dass Ihr Logo in allen → Geschäftspapieren eingesetzt werden kann. Lassen Sie sich von Ihrem Grafiker neben einer Farb- auch eine Schwarz-Weiß-Version entwickeln, die Sie in Ihrem Faxformular einsetzen können.

Nachfassbrief

Häufig bringen ein Angebot oder ein Werbebrief im ersten Anlauf nicht den erhofften Erfolg. Dann lohnt es sich, nach einigen Tagen noch einmal nachzuhaken.

Der Wurm muss dem Fisch schmecken ...

... und nicht dem Angler. Achten Sie daher darauf, dass Sie in Ihrem zweiten Schreiben einen zusätzlichen Anreiz schaffen oder auf einen weiteren Vorteil Ihres Angebots hinweisen. Auch durch telefonisches Nachfassen verbessern Sie den Erfolg Ihrer Werbeaktionen. Die Kombination aus Mailing und Telefonmarketing entwickelt sich immer mehr zum Erfolgsinstrument zur Kundenbindung und Neukundengewinnung.   ◄

Experten-Tipp

Nachsendeantrag

Falls Sie mit Ihrem Unternehmen umziehen, müssen Sie Ihren Kunden und Ihren Geschäftspartnern frühzeitig Ihre neue Anschrift mitteilen. Briefbeispiele finden Sie im zweiten Teil dieses Buches ab Seite 154.

Stellen Sie zusätzlich einen Nachsendeantrag! Die Deutsche Post AG liefert dann ein halbes Jahr lang auch die Briefe, die noch an Ihre alte Anschrift adressiert sind. Alle weiteren Informationen und das Antragsformular erhalten Sie an jedem Postschalter.

Sicherheit nach Umzug

Optik

Der erste Eindruck Ihrer Geschäftskorrespondenz ist ein entscheidender Erfolgsfaktor. Achten Sie darauf, dass Ihre Briefe optisch optimal gestaltet sind. Dazu gehören vor allem diese sieben Faktoren:

Erster Eindruck entscheidend

- Perfekt gestalteter Briefbogen.
- Korrekte Anschrift und Anrede des Empfängers.

- Ausreichender Rand.
- Eine gut lesbare Schrift.
- Optische Gliederung und sinnvolle Absätze.
- Hervorheben wichtiger Informationen.
- Unterschrift mit Vor- und Nachnamen in blauer Schrift.

So erreichen Sie die optimale Optik Ihres Briefes

- Schreiben Sie den Brief zunächst komplett.

- Gestalten Sie den Text dann in einem zweiten Schritt so, dass er leicht lesbar ist. Achten Sie darauf, dass zusammengehörige Informationen in einem Absatz stehen.

- Einseitige Briefe sind wesentlich erfolgreicher als mehrseitige! Beherzigen Sie daher das Motto: „In der Kürze liegt die Würze!" Denn in der modernen Geschäftskorrespondenz ist weniger häufig mehr!

Original-Unterschrift

Immer häufiger werden Briefe nicht mehr eigenhändig unterschrieben, sondern enthalten eine eingescannte Unterschrift oder einen Faksimile. In Werbebriefen mit hohen Auflagen ist dies aus Kostengründen sinnvoll. Durch moderne Drucktechnik können Unterschriften inzwischen auch farbig eingescannt werden und sind so kaum noch von „echten" Unterschriften zu unterscheiden.

Ihre Unterschrift gibt Briefen eine individuelle Note

Die tägliche Geschäftskorrespondenz sollten Sie eigenhändig unterschreiben. Besonders positiv wirkt eine → Unterschrift, wenn Sie mit Ihrem Vor- und Nachnamen unterschreiben. Verwenden Sie einen etwas dickeren blauen Stift oder einen Füllfederhalter mit blauer Tinte. Dies schafft einen reizvollen Kontrast zur schwarzen Schrift und wirkt persönlicher. Ist Ihre Unterschrift nicht gut lesbar? Dann wiederholen Sie Ihren Vor- und Nachnamen in der nächsten Zeile maschinenschriftlich.

Papier

Achten Sie bei der Gestaltung und beim Druck Ihres → Briefbogens auf eine gute Papierqualität. Die Farbe muss zum Image und zum Erscheinungsbild Ihres Unternehmens passen. Auch durch ein Wasserzeichen im Papier geben Sie Ihrem Briefbogen eine individuelle Note.

Das Papiergewicht wirkt sich unter Umständen auf die Portokosten aus. *Gewicht* Achten Sie daher darauf, dass zwei Briefbögen zusammen mit einem DIN- *beachten* lang-Umschlag nicht mehr als 20 Gramm wiegen.

Persönlich

Immer wieder kommt es zu Missverständnissen und Streit, weil nicht klar geregelt ist, wer Briefe öffnen darf und wer nicht. Entscheidend ist die Anschrift des Briefes: Wird der Name des Empfängers vor dem Firmennamen genannt, darf der Brief nur von der genannten Person geöffnet werden. Beispiele finden Sie unter dem Stichwort → Briefgeheimnis auf Seite 24 f.

Verwenden Sie den Zusatz „persönlich"!

Wenn Sie sicher sein wollen, dass der Brief nur von einer Person geöffnet werden darf, sollten Sie vor die Anschrift den Vermerk „Persönlich" setzen. ◄

Planung

Planen Sie Ihre Briefe. Viele Schreiben erreichen nicht das gewünschte Ziel, weil wichtige Fragen nicht bedacht werden:

- Was wollen Sie mit dem Brief erreichen?
- Wer ist der Empfänger?
- Wie ist das Verhältnis?
- Welche Argumente überzeugen den Leser?

- Mit welchen Fragen und Einwänden müssen Sie rechnen?
- Welche zusätzlichen Informationen sind sinnvoll?

Gezielt formulierte Briefe sind erfolgreicher

Nehmen Sie sich die Zeit, diese Fragen zu beantworten, bevor Sie den Brief formulieren. Diese Investition zahlt sich immer aus, weil Sie Ihre Ziele so schneller und effektiver erreichen.   ◀

Porto

Ausreichend frankieren

Achten Sie bei Ihrer Geschäftskorrespondenz auf das richtige Porto. Investieren Sie in eine gute Briefwaage und besorgen Sie sich von Ihrem Postamt die aktuellen Portobestimmungen. Viele Unternehmen verärgern ihre Kunden oder Geschäftspartner, weil Briefe nicht ausreichend frankiert sind und Nachporto bezahlt werden muss. Für die „normale" Korrespondenz können Sie bedenkenlos eine → Frankiermaschine einsetzen. Für persönliche Schreiben wie Einladungen, Glückwünsche und Kondolenzbriefe sollten Sie → Briefmarken verwenden. Besonders gut geeignet sind Sondermarken.

Portoersparnis

In vielen Unternehmen sind die Portokosten in den letzten Jahren enorm gestiegen. Dies hängt auch mit den regelmäßigen Portoerhöhungen zusammen. Achten Sie daher darauf, möglichst viel Korrespondenz per → Fax oder per → E-Mail zu erledigen. Dies ist nicht nur schneller, sondern auch erheblich preisgünstiger. Aber nicht alles lässt sich faxen oder mailen. Daher hier fünf Praxistipps, um Porto zu sparen:

Fünf Praxistipps

- Verwenden Sie so oft wie möglich den Standardbrief.
- Investieren Sie hundert Euro für eine elektronische Briefwaage.
- Prüfen Sie das Gewicht Ihrer Briefe ganz genau. Häufig wird überfrankiert, weil nicht oder nicht genau gewogen worden ist.

- Falzen Sie die Briefe, damit sie in einen DIN-lang- oder in einen DIN-A5-Umschlag passen. Nur für wichtige Unterlagen sollten Sie einen DIN-A4-Umschlag verwenden.
- In jedem Postamt können Sie für wenig Geld eine Briefschablone kaufen. Damit können Sie schnell und einfach das optimale Briefformat ermitteln und richtig frankieren.

Postfach

Viele Firmen geben in ihrer Anschrift keine Straße, sondern ein Postfach an. Achten Sie darauf, dass Sie dann in Ihrer Geschäftskorrespondenz nur das Postfach angeben und nicht zusätzlich auch noch die Straße. Das folgende Beispiel zeigt, wie die Anschrift aussehen muss:

Entweder Straße oder Postfach

Jürgen Hansen GmbH
Postfach 12 54 65
↵
42111 Wuppertal

Die Nummer des Postfachs wird in zweistelligen Gruppen geschrieben, und zwar von rechts nach links gegliedert.

Postleitzahl

Die Postleitzahl wird im Gegensatz zur Postfachnummer ungegliedert geschrieben. Die Postleitzahl wird wie die gesamte → Anschrift linksbündig geschrieben. Seit der Einführung der fünfstelligen Postleitzahlen werden drei verschiedenen Postleitzahlen unterschieden:

Die Zustell-Postleitzahl wird bei allen Privatanschriften verwendet. Die vollständige Anschrift enthält den Namen des Empfängers, die Straße mit Hausnummer, die Postleitzahl und den Ort:

Zustell-Postleitzahl

Gerhard Müller-Wohlfahrt
Schillerstraße 249
↵
80336 München

Postfach-Postleitzahl Die Postfach-Postleitzahl signalisiert, dass die Sendung an das Postfach ausgeliefert wird:

Daniel Peitzmann GmbH
Postfach 44 33 11
↵
48149 Münster

Großkunden-Postleitzahl Eine Großkunden-Postleitzahl kann nur von Firmen beantragt werden, die ein hohes Postaufkommen haben. Der Vorteil: Die Briefe werden vorrangig bearbeitet und schneller an den Empfänger weitergeleitet. Falls der Empfänger eine Großkunden-Postleitzahl angibt, dürfen Sie die Nummer des Postfachs und die Straße nicht angeben:

Deutsche Post AG
↵
53175 Bonn

Experten-Tipp

Achten Sie auf die Gestaltung der Anschrift

Damit Ihre Briefe in den Postzentren maschinell bearbeitet werden können, dürfen weder die Postleitzahl noch der Ort optisch hervorgehoben werden. Verzichten Sie daher auf Fettdruck, Unterstreichungen oder einen größeren Schriftgrad. Achten Sie außerdem darauf, dass die Postleitzahl linksbündig mit den übrigen Empfängerangaben geschrieben wird.   ◄

ppa.

Diese Abkürzung vor der → Unterschrift kennzeichnet die Vollmacht „per   Prokura
procura". Diese → Unterschriftsvollmacht muss nach § 51 des Handelsge-
setzbuchs (HGB) in das Handelsregister eingetragen werden. Als Prokurist
müssen Sie das „ppa." handschriftlich vor Ihre Unterschrift setzen. Die Unterschrift sieht dann so aus:

Freundliche Grüße aus Hamburg
↵
ppa. Klaus-Jürgen Dittrich
↵
Klaus-Jürgen-Dittrich

PS

Das „Postskriptum" ist besser als sein Ruf. Es hat leider immer noch das ne-   Besonders
gative Image, dass hier nur Dinge erwähnt werden, die im Brieftext „verges-   hoher
sen" worden sind. Das Gegenteil ist der Fall: Nicht nur in Werbebriefen,   Stellenwert
sondern auch in der täglichen Geschäftskorrespondenz hat das „PS" einen
besonders hohen Stellenwert. Durch intensive Forschung mit Hilfe von
Augenkameras ist nachgewiesen worden, dass ein optimal formuliertes PS in
über 90 Prozent aller Fälle gelesen wird.
Nutzen Sie diese Erkenntnis für Ihre Briefe und weisen Sie im „PS" auf einen
besonderen Vorteil Ihres Produkts hin oder geben Sie einen Ansprechpartner an, der telefonisch Fragen beantwortet.

Verwenden Sie eine moderne Formulierung

Für besondere Aufmerksamkeit sorgen Sie, wenn Sie auf das Kürzel „PS" verzichten und stattdessen eine Formulierung wie „Übrigens:" oder „Noch ein
wichtiger Hinweis:" verwenden.   ◄

Experten-Tipp

Rechtschreibung

Wörterbuch und Recht- schreibprüfung

Achten Sie in Ihren Briefen auf die korrekte Rechtschreibung. Ein modernes Wörterbuch sollte zur Standardausrüstung eines jeden Büros gehören. Auch die Rechtschreibprüfung Ihrer Textverarbeitung hilft Ihnen, Rechtschreib- oder Tippfehler zu entdecken. Die neue Rechtschreibung gilt übrigens erst ab 1. Januar 2005. Bis dahin können Sie sowohl die alte als auch die neue Rechtschreibung verwenden.

„Neue" oder „alte" Rechtschreibung?

Zur Zeit lässt sich noch nicht absehen, ob sich die neue Rechtschreibung end- gültig in allen Bereichen durchsetzen wird. Auch ihre Verwendung in den Ta- geszeitungen hat nicht den erwarteten Durchbruch gebracht. Warten Sie da- her ab und beobachten Sie Ihre Kunden, Geschäftspartner und Mitbewerber. Reagieren Sie erst, wenn sich der Trend tatsächlich durchsetzt. Inzwischen gibt es übrigens preiswerte Softwareprogramme, die Ihnen bei der Umsetzung der neuen Regeln helfen. Ein unverzichtbares Hilfsmittel ist natürlich der neue Duden mit allen neuen Schreibweisen. Das Buch, das Sie gerade in Händen halten, ist übrigens komplett nach den neuen Regeln geschrieben.   ◄

Rückumschlag

Erhöhter Response

Die Reaktionsquote bei Mailing- oder Werbeaktionen – im Fachjargon „Response" genannt – lässt sich durch ein Faxantwort-Formular oder einen Rückumschlag deutlich erhöhen.

Erleichtern Sie dem Kunden die Antwort

Häufig scheitert die Bestellung eines Kunden über mehrere hundert Euro am Fehlen einer Briefmarke oder eines Umschlags. Konzipieren Sie Ihre Werbe- briefe daher so, dass die Antwort des Kunden so einfach wie möglich ist.   ◄

Satzzeichen

Auch bei der Schreibweise von Satzzeichen werden häufig Fehler gemacht. Diese Satzzeichen stehen nach dem vorausgehenden Wort ohne einen Leerschritt:

- Punkt
- Komma
- Semikolon
- Doppelpunkt
- Fragezeichen
- Ausrufezeichen

Nach diesen Satzzeichen folgt immer ein Leerschritt. Hier einige Beispiele:

- Das Angebot enthält alle wichtigen Details. Informieren Sie sich!
- Haben Sie Fragen? Dann rufen Sie uns einfach an: 0231 3232-15.
- Nutzen Sie diese Vorteile! Es lohnt sich.

Praxisbeispiele

Schlusssatz

Der erste Eindruck ist entscheidend – der letzte bleibt. Beenden Sie Ihre Briefe daher mit einer positiven und persönlichen Formulierung. Hier einige Beispiele:

Positiv und persönlich

- Ich freue mich auf Ihre Antwort.
- Vielen Dank für Ihr Verständnis.
- Bis senden Sie uns den Vertrag unterschrieben zurück. Danke!
- Wir freuen uns auf Ihren Besuch!
- Alles Gute und bis bald.
- Haben Sie Fragen oder benötigen Sie weitere Informationen? Dann rufen Sie mich einfach an: 089 2244-33.
- Ihre Bestellung führen wir schnell und zuverlässig aus. Darauf können Sie sich verlassen!

Schriftart und Schriftgröße

Die → DIN 5008 empfiehlt als Mindestschriftgröße 10 Punkt. In der Praxis haben sich allerdings Schriftgrößen zwischen 11 und 12 Punkt durchgesetzt. Verwenden Sie für Ihre Geschäftskorrespondenz moderne und gut lesbare Schriften wie „Arial", „Helvetica" oder „Times New Roman".

Seitenrand

Achten Sie bei ihren Briefen auf einen ausreichend großenen Rand. In der DIN 5008 werden folgende Maße vorgeschlagen:

- Linker Rand: 24,1 Millimeter
- Rechter Rand: 20 Millimeter

DIN 5008 nicht bindend Die Maße der DIN 5008 sind nicht bindend. Entscheidend ist der optische Gesamteindruck Ihrer Briefe. Ein großzügigerer Rand wirkt in den meisten Fällen professioneller. Außerdem wird der Text leichter lesbar.

Seitenzahl

Wichtig bei mehrseitigen Briefen Bei mehrseitigen Briefen sollten Sie die Seitenzahl oben auf die Seite schreiben. Verwenden Sie die Schreibweise mit Gedankenstrichen und zentrieren Sie die Seitenzahl.

– 2 –

↵

Den endgültigen Vertrag erhalten Sie voraussichtlich in drei Wochen. Bitte prüfen Sie den Entwurf und senden Sie ihn dann mit Ihren Ergänzungen und Korrekturen an uns zurück.

Achten Sie auf einen ausreichenden Abstand zwischen der Seitenzahl und dem Brieftext. Weisen Sie unten rechts auf der ersten Seite des Briefes durch drei Punkte darauf hin, dass eine weitere Seite folgt.

Die Lieferung muss uns spätestens in der 42. Kalenderwoche erreichen, um eine reibungslose Produktion zu gewährleisten.

...

Signatur

Viele → E-Mails enthalten am Ende eine Signatur. Es handelt sich dabei um einen elektronischen Textbaustein mit wichtigen Informationen zum Absender:

Elektronischer Textbaustein

- Grußformel
- Firmenname
- Vor- und Zuname
- Anschrift
- Telefon- und Faxnummer
- E-Mail- und Internet-Adresse

Hier ein Beispiel für eine typische Signatur:

Freundliche Grüße aus Wuppertal
↵
Peter Sturtz
↵
psp wuppertal
Nevigeser Straße 364
42113 Wuppertal
↵
Telefon: +49 202 723609
Fax: +49 202 2721373
E-Mail: psp-wuppertal@t-online.de
Internet: http://www.psp-wuppertal.de

Die Signatur müssen Sie nur einmal erstellen. Sie wird dann von den meisten E-Mail-Programmen automatisch eingefügt.

Silbentrennung

Trennungen in Briefen wirken sich häufig negativ auf die Lesbarkeit aus. Dies gilt vor allem für die automatische Silbentrennung.

Automatische Silbentrennung abschalten

Verzichten Sie daher auf Trennungen in Briefen! Schalten Sie die automatische Silbentrennung in ihrer Textverarbeitung aus. So entsteht ein natürlicher „Flattersatz", der Ihren Briefen eine individuelle Note gibt.

Substantivierungen

Vermeiden Sie in Ihren Briefen Substantivierungen, denn sie geben Ihrer Korrespondenz ein unpersönliches und bürokratisches Image. Verwenden Sie stattdessen Verben, denn sie wirken modern und aktiv. Hier einige Beispiele:

Nicht ...	sondern ...
Geben Sie Ihre Bestellung noch heute auf!	Bestellen Sie noch heute!
Ich bitte Sie vielmals um Entschuldigung.	Bitte entschuldigen Sie.
Es ist mir eine große Freude ...	Ich freue mich sehr ...

Telefax

Alle wichtigen Informationen zu diesem Thema finden Sie unter dem Stichwort → Fax.

Telefon- und Telefaxnummern

Telefon- und Telefaxnummern werden nach der neuen DIN 5008 nicht mehr gegliedert. Bisher wurden Telefonnummern in der Geschäftskorrespondenz immer von rechts nach links zweistellig gegliedert. Die Vorwahl wurde eingeklammert: Telefon: (02 31) 2 74 87 03. Die Durchwahlnummern von Nebenstellen wurden durch einen Bindestrich gekennzeichnet: Telefon: (02 21) 2 55-91 02.

Neu: keine Gliederung mehr

Diese Schreibweisen sind durch die aktuellen Empfehlungen der DIN nicht mehr notwendig. Lediglich die Durchwahlnummer wird durch einen Bindestrich abgetrennt: 0231 5576-45.

In der Korrespondenz mit ausländischen Kunden und Geschäftspartnern wird die Vorwahl für Deutschland durch „+49" gekennzeichnet. Die „0" der Vorwahl entfällt ebenso wie die Klammer: Telefon: +49 30 27 01 22 44

Diese Regelungen gelten auch für Telefaxnummern.

Achten Sie auf die Lesbarkeit

Die DIN 5008 spricht nur Empfehlungen aus. Daher können Sie auch weiterhin die bisherige Schreibweise mit Klammern und Gliederungen verwenden. Sie ist sicherlich lesefreundlicher.

Textbausteine

Jede Textverarbeitung bietet die Möglichkeit, häufig verwendete Formulierungen als Bausteine zu definieren und abzuspeichern. Bei Bedarf können sie durch eine einfache Tastenkombination schnell in den Text eingefügt werden. Diese Technik bedeutet eine erhebliche Zeitersparnis. Nutzen Sie diese Vorteile und speichern Sie Textpassagen, die Sie häufiger verwenden:

Zeiterparnis

- Anschriften
- Betreffzeilen
- Anreden
- Grußformeln
- PS-Bausteine
- Bankverbindungen

Komplette Briefe als Textbausteine

Sie können auch komplette Briefe als Textbausteine abspeichern. Dies bietet sich vor allem für Schreiben an, die Sie häufig verwenden: Angebote, Telefaxe, Mahnungen oder Anfragen. Sie müssen dann nur noch die Anschrift, die Anrede und das aktuelle Datum ergänzen – fertig ist Ihr Brief.   ◄

Titel

Drei Gruppen   Unter dem Sammelbegriff „Titel" werden in der DIN 5008 drei Gruppen zusammengefasst:

- Akademische Grade und Diplome wie „Dr." und „Prof."
- Prädikate wie „Exzellenz", „Eminenz" und „Hochwürden"
- Amtsbezeichnungen wie „Bundesminister" und „Regierungspräsident"

In der modernen Korrespondenz ist ein deutlicher Trend erkennbar, auf die Verwendung von Titeln zu verzichten. Dies ist nicht ganz ungefährlich, denn die richtige Anrede ist ein wichtiger Erfolgsfaktor. Daher sollten Sie Titel unbedingt verwenden. Damit liegen Sie immer richtig, denn viele Inhaber sind stolz auf ihren Titel.

Bei Antwortschreiben

Wenn Sie auf einen Brief antworten und der Absender in seinem Schreiben den Titel angegeben hat, sollten sie ihn auf jeden Fall auch in Ihrer Antwort verwenden.   ◄

U. A. w. g.

Rückmeldung   Diese Abkürzung finden Sie häufig auf privaten und geschäftlichen Einla-
wird erwartet   dungen. Sie bedeutet: „Um Antwort wird gebeten" und weist darauf hin, dass der Gastgeber eine schriftliche oder telefonische Rückmeldung erwartet, ob Sie zu der Veranstaltung kommen. Nehmen Sie diesen Wunsch ernst

und reagieren Sie, denn es ist für den Einladenden die einzige Möglichkeit, die organisatorischen Rahmenbedingungen zu planen.

Verzichten Sie auf Abkürzungen
Verzichten Sie auf diese Abkürzung, wenn Sie selbst zu einer Veranstaltung einladen. Es ist sicherer und eleganter, mit der Einladung eine Antwortkarte zu versenden, die ausgefüllt zurückgesandt werden kann. ◄

Unterschrift

Ihre eigenhändige Unterschrift gibt Ihren Briefen eine persönliche Note. Unterschreiben Sie mit einem etwas dickeren Stift und mit blauer Tinte. Das schafft einen positiven Kontrast zur schwarzen Schrift. Da die meisten Unterschriften nicht eindeutig zu entziffern sind, sollten Sie Ihren Vor- und Nachnamen unterhalb der Unterschrift maschinenschriftlich wiederholen. Lassen Sie beim Schreiben drei Leerzeilen für die Unterschrift frei. Wenn Sie auf Ihre Position hinweisen möchten, sollten Sie diese unter die maschinenschriftliche Wiederholung des Namens setzen.

Persönliche Note durch eigenhändige Unterschrift

Herzliche Grüße nach Köln
↵
Ihr
↵
ppa. Peter Klein
↵
Peter Klein
Geschäftsführer

Unterschriftsvollmacht

Um den reibungslosen Ablauf in Ihrem Unternehmen zu gewährleisten, sollten Sie Ihren Mitarbeitern eine Unterschriftsvollmacht erteilen. Damit sind sie berechtigt, bis zu einem bestimmten Betrag Entscheidungen zu treffen und Bestellungen aufzugeben. Erteilen Sie die Vollmacht schriftlich, damit die Kompetenzen eindeutig geregelt sind. Die Prokura – in Briefen durch → „ppa." vor der Unterschrift gekennzeichnet – muss zusätzlich im Handelsregister eingetragen werden.

Unterstreichung

Wichtiges hervorheben

Neben dem → Fettdruck ist die Unterstreichung die eleganteste Art, wichtige Textpassagen hervorzuheben. Gehen Sie mit diesem Stilmittel sparsam um, denn je mehr Sie unterstreichen, desto geringer ist die Wirkung.

Daher ist es besonders wichtig, dass Sie beide Ausfertigungen des Vertrags unterschrieben zurücksenden. Sobald unser Geschäftsführer gegengezeichnet hat, erhalten Sie ein Exemplar für Ihre Unterlagen.

Versendungsart

Versendungsvermerke werden in die erste Zeile der → Anschrift geschrieben. Hier einige Beispiele:

- Eilzustellung
- Einschreiben mit Rückschein
- Nicht nachsenden

Lassen Sie zwischen dem Versendungsvermerk und der ersten Zeile der Anschrift eine Leerzeile.

Einschreiben mit Rückschein
↵
Finanzamt Köln
Postfach 31 46 75
↵
50568 Köln

Verständlichkeit

Die Verständlichkeit Ihrer Briefe hängt entscheidend von drei Kriterien ab:

- Einfachheit,
- Gliederung und
- Prägnanz.

Drei Kriterien

Verwenden Sie daher einfache und kurze Sätze. Verzichten Sie auf Fremdwörter, Fachbegriffe und Abkürzungen. Gliedern Sie den Brieftext in sinnvolle Abschnitte und konzentrieren Sie sich auf die wesentlichen Inhalte.

Formulieren Sie empfängerorientiert

Versetzen Sie sich beim Formulieren Ihrer Briefe in die Situation des Empfängers. Folgende Fragen helfen Ihnen, das Schreiben verständlich und interessant zu formulieren:

- Was interessiert den Leser?
- Welche Fragen hat er?
- Was überzeugt ihn?
- Welche Vorteile und welchen Nutzen kann ich ihm bieten?

Für Briefe gilt die alte Weisheit von Dale Carnegie: „Der Wurm muss dem Fisch schmecken – und nicht dem Angler!"   ◄

Verteilervermerk

Bei innerbetrieblichen Schreiben sollten Sie im Verteilervermerk darauf hinweisen, wer eine Kopie des Schreibens erhält. Der Vermerk steht mit einem Abstand von einer Zeile unterhalb des Anlagenvermerks.

Freundliche Grüße
↵
Gerhard Schreier
↵
Gerhard Schreier
↵
Anlagen
Prospekt
Preisliste
↵
Verteiler
Doris Hölscher
Lars Riedel

Experten-Tipp

Wenn Sie nicht genügend Platz haben

Falls nicht genügend Platz unterhalb des Anlagenvermerks vorhanden ist, können Sie den Verteilervermerk auch rechts neben die Grußformel schreiben. ◄

Freundliche Grüße	**Anlage**
	Protokoll
Gerhard Schreier	
	Verteiler
Gerhard Schreier	Doris Hölscher
	Lars Riedel

Vorwahl

Bei Telefonnummern stand die Ortskennzahl in der Geschäftskorrespondenz bisher immer in Klammern. Außerdem wurde die Zahl von rechts nach links in Zweiergruppen gegliedert.

> PS: Haben Sie Fragen oder benötigen Sie weitere Unterlagen? Anruf genügt:
> (0 29 41) 52 81 92!

Nach der neuesten Version der DIN 5008 ist dies nicht mehr notwendig. Telefonnummern können ohne Klammern und ohne Gliederung geschrieben werden. Lediglich die Durchwahlnummer wird durch einen Bindestrich abgetrennt.

Keine Klammern mehr nötig

> PS: Haben Sie Fragen oder benötigen Sie weitere Unterlagen? Anruf genügt:
> 02941 52 81-92.

Währungseinheiten

Währungseinheiten und Münzbezeichnungen können vor oder hinter dem Betrag stehen. In der modernen Geschäftskorrespondenz setzt sich die Schreibweise hinter dem Betrag immer mehr durch. Hier einige Beispiele: 3.570 Euro, 72.540 €, 0,75 €, 99 $.

Zahlen

In Ihren Briefen sollten Sie Zahlen bis einschließlich zwölf ausschreiben. Alle anderen Zahlen werden in Ziffern geschrieben. Damit die Zahlen leichter lesbar sind, wird ab drei Stellen jeder Tausenderschritt von rechts nach links durch einen Punkt oder ein Leerzeichen getrennt:

Tausenderschritte optisch abtrennen

- 3.500 Packungen
- 112.000 Euro
- 5.800 Kilogramm

Für einige Zahlen gelten besondere Regeln:

Bankleitzahlen	• Bankleitzahlen werden von links nach rechts gegliedert, und zwar in zwei Dreiergruppen und eine Zweiergruppe: BLZ 360 100 43.
Postfach-nummern	• Postfachnummern werden von rechts nach links in Zweiergruppen gegliedert: Postfach 1 45 67 89.
Postleitzahlen	• Postleitzahlen werden nicht gegliedert: 42109 Wuppertal.

Achten Sie auf die Zahlengliederung

Die Gliederung von (großen) Zahlen ist sinnvoll, da sie die Lesbarkeit enorm erhöht. Dies gilt vor allem für Angaben zur Bankverbindung.　◄

Zahlungsbedingungen

Immer wieder kommt es im Geschäftsleben zu Missverständnissen und Streitigkeiten, weil die Liefer- und Zahlungsbedingungen nicht eindeutig geregelt sind. Lassen Sie sich daher von einem erfahrenen Juristen beraten und entwickeln Sie individuelle Geschäftsbedingungen, in denen die wesentlichen Details eindeutig festgelegt sind. Legen Sie diese dann wichtigen Schreiben bei und weisen Sie in Ihrem Brieftext darauf hin. Viele Unternehmen drucken die Geschäftsbedingungen auch auf die Rückseite Ihrer Rechnungen und Auftragsbestätigungen.

Zahlungsziel

Genaues Datum

Geben Sie in Ihren Rechnungen immer ein kalendermäßig bestimmtes Zahlungsziel an. Der Vorteil: Der Rechnungsempfänger gerät automatisch ohne eine weitere Mahnung in Verzug, falls er den Betrag nicht bis zu dem genannten Termin bezahlt. Verzichten Sie auf Formulierungen wie: „Bitte zahlen Sie den Betrag innerhalb von zehn Tagen" und schreiben Sie stattdessen: „Bitte zahlen Sie den Betrag ohne Abzüge bis zum 14. Oktober 2002. Danke!"

Zeilenabstand

Geschäftsbriefe werden grundsätzlich einzeilig geschrieben.

Zitate

Zitate eignen sich besonders gut als → Betreff oder → Briefanfang. Ein gutes Zitatelexikon ist eine gute Anschaffung. So sind Sie mit dem ersten Satz Ihres Briefes direkt im Thema. Hier ein Beispiel:

> *Das Schönste ist Gerechtigkeit.*
> *Das Beste ist Gesundheit.*
> *Das Erfreulichste, das zu erlangen, was man möchte.*
> ↵
> Sehr geehrter Herr Dr. Hansen,
> ↵
> diese kleine Weisheit des griechischen Philosophen Aristoteles ist inzwischen über zweitausend Jahre alt – aber sie hat nichts von ihrer Aktualität verloren. Herzlichen Glückwunsch zum 58. Geburtstag und alles Gute für das kommende Lebensjahr.

z. H.

Diese Abkürzung bedeutet „zu Händen". In der modernen Geschäftskorrespondenz wird diese Abkürzung nicht mehr verwendet. Die richtige Anschrift sieht dann so aus:

> Werbeagentur
> CREATIVO GmbH
> Herrn Hans-Jürgen Jellinek
> Postfach 10 34 56
> ↵
> 10585 Berlin

Zugang

Entscheidend bei Fristen

Beim Versand rechtlich relevanter Briefe – etwa bei Kündigungen oder Widersprüchen – müssen Sie gesetzlich geregelte Fristen einhalten. Für die Einhaltung der Frist ist der → Zugang des Schreibens entscheidend.

Gehen Sie auf Nummer sicher

Versenden Sie alle wichtigen Schreiben grundsätzlich als → Einschreiben mit Rückschein. Nur so können Sie bei einem Prozess beweisen, dass der Empfänger den Brief fristgemäß erhalten hat. Versenden Sie den Brief lieber ein paar Tage früher, damit er rechtzeitig ankommt. Die Zustellung durch einen Kurier ist zwar etwas teurer, aber wesentlich sicherer als der normale Briefversand. Außerdem erhalten Sie auch bei dieser Versandart einen Einlieferungsbeleg. ◂

Geschäftsbriefe in der Praxis

In diesem Teil finden Sie wertvolle Informationen und Praxisbeispiele zu den wichtigsten Themen der modernen Geschäftskorrespondenz von A wie Abmahnungen bis Z wie Zwischenbescheide.
Zu jedem dieser Themen erhalten Sie

- wichtige Hintergrundinformationen und
- perfekt formulierte und gestaltete Beispielbriefe.

Die Briefe können Sie direkt von der CD-ROM in Ihre Textverarbeitung übernehmen. Dann ergänzen Sie einfach die korrekte Anschrift, die richtige Anrede und individuelle Details – fertig ist Ihr Schreiben. Schneller und professioneller geht es nicht.

Abmahnungen: Voraussetzung zur Kündigung

Bevor Sie einem Mitarbeiter kündigen, müssen Sie ihn in vielen Fällen vorher abmahnen. Ziel einer Abmahnung ist es, dem Arbeitnehmer das beanstandete Verhalten mitzuteilen und ihm gleichzeitig zu verdeutlichen, dass sein Arbeitsverhältnis gefährdet ist, wenn er das Verhalten nicht ändert. Sie wird daher auch als die „gelbe Karte" des Arbeitsrechts bezeichnet.
Die Abmahnung muss vier Elemente enthalten:

„Gelbe Karte" des Arbeitsrechts

- die detaillierte Beschreibung des Fehlverhaltens,
- eine klare Missbilligung des Verhaltens,
- die Beschreibung des Verhaltens, das Sie in Zukunft erwarten, sowie
- einen unmissverständlichen Hinweis auf die arbeitsrechtlichen Konsequenzen, falls das Fehlverhalten erneut auftritt.

Je genauer Sie das Fehlverhalten in der Abmahnung beschreiben, desto besser sind Ihre Chancen bei einem Prozess vor dem Arbeitsgericht. Denn als Arbeitgeber müssen Sie jederzeit beweisen können, dass die Abmahnung berechtigt war. Geben Sie daher den Ort, das Datum und die Uhrzeit des

Beweislast beim Arbeitgeber

Vorfalls an. Nennen Sie zusätzlich Zeugen und wichtige Details. Mahnen Sie grundsätzlich schriftlich ab.

Gründe für eine Abmahnung Hier finden Sie einige typische Gründe für eine Abmahnung:

- Fehlerhafte Arbeitsausführung
- Störung des Betriebsfriedens
- Wiederholtes Zuspätkommen
- Unerlaubte Nebentätigkeit
- Verletzung der Nachweispflicht im Krankheitsfall
- Unerlaubte Nebentätigkeit
- Nichterfüllung der Leistung
- Eigenmächtiger Urlaubsantritt
- Nichtbefolgung von Anweisungen
- Unentschuldigtes Fehlen
- Verstoß gegen ein betriebliches Alkoholverbot
- Überziehen der Pausen
- Wiederholtes Zuspätkommen
- Unerlaubtes Verlassen des Arbeitsplatzes

Wer darf eine Abmahnung aussprechen?

Führungskräfte Die Abmahnung darf nur von berechtigten Mitarbeitern ausgesprochen werden. In der Regel sind dies Führungskräfte, die verbindliche Anweisungen über die im Arbeitsvertrag festgelegten Pflichten erteilen dürfen, etwa

- Geschäftsführer,
- Personalchef,
- Teamleiter,
- Meister oder
- Gruppenleiter.

Wie Sie den Zugang der Abmahnung nachweisen können

Falls es zu einem Prozess vor dem Arbeitsgericht kommt, müssen Sie als Arbeitgeber beweisen, dass der Arbeitnehmer die Abmahnung tatsächlich erhalten hat. In der betrieblichen Praxis haben sich drei verschiedene Wege bewährt:

- Lassen Sie sich vom Mitarbeiter auf einer Kopie der Abmahnung durch seine Unterschrift bescheinigen, dass er das Schreiben erhalten hat.
- Übergeben Sie das Schreiben vor Zeugen.
- Senden Sie dem Arbeitnehmer die Abmahnung als Einschreiben mit Rückschein. Sie erhalten dann den Rückschein unterschrieben und mit dem Datum des Zugangs zurück.

Drei Möglich-
keiten

Sorgen Sie für zuverlässige Zeugenaussagen

Als Arbeitgeber sind Sie bei einem Prozess beweispflichtig. Sorgen Sie daher für zuverlässige schriftliche Zeugenaussagen. Lassen Sie sich in schwierigen Fällen von einem erfahrenen Anwalt für Arbeitsrecht beraten.

Fristen einhalten

Mahnen Sie das Fehlverhalten möglichst zeitnah ab. Sie verlieren sonst unter Umständen das Recht zur Abmahnung. Der Mitarbeiter sollte Ihre Abmahnung daher spätestens eine Woche nach dem Vorfall erhalten.

Liegen mehrere Fehlverhalten gleichzeitig vor, sollten Sie jeden Vorfall einzeln abmahnen. Der Grund: Eine Sammelabmahnung ist komplett unwirksam, wenn nur ein Vorwurf unberechtigt ist. Sie müssen dann die komplette Abmahnung aus der Personalakte entfernen. Formulieren Sie daher grundsätzlich pro Fehlverhalten ein gesondertes Schreiben.

Einzeln
abmahnen

Abmahnung wegen wiederholten Zuspätkommens

Sehr geehrte Frau Kleinbach,

in den letzten Tagen sind Sie mehrfach zu spät an Ihrem Arbeitsplatz erschienen:

– am 21. März 2002 um 7.52 Uhr
– am 25. März 2002 um 7.48 Uhr
– am 27. März 2002 um 7.36 Uhr

Beweismittel: Auszug aus der elektronischen Zeiterfassung.

In Ihrem Arbeitsvertrag ist festgelegt, dass die Arbeitszeit um 7.00 Uhr beginnt. Ich bin nicht bereit, Ihr verspätetes Erscheinen am Arbeitsplatz hinzunehmen. Im Interesse eines geregelten Betriebsablaufs sind wir auf die Pünktlichkeit aller Mitarbeiter angewiesen.

Ich fordere Sie daher auf, den von Ihnen übernommenen Verpflichtungen aus dem bestehenden Arbeitsvertrag nachzukommen und die vereinbarte Arbeitszeit in Zukunft einzuhalten.

Sollten Sie auch weiterhin verspätet an Ihrem Arbeitsplatz erscheinen oder in gleichartiger Weise gegen Ihre arbeitsvertraglichen Pflichten verstoßen, sind Inhalt oder Bestand Ihres Arbeitsverhältnisses gefährdet.

Bitte bestätigen Sie auf der Kopie dieses Schreibens, dass Sie die Abmahnung gelesen und verstanden haben.

Freundliche Grüße   **Anlagen**

                                         – Kopie dieses Schreibens
Irene Vogl   – Auszug aus Ihrer Zeitkarte

Irene Vogl, Personalleiterin

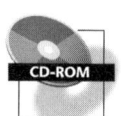

Abmahnung: Verletzung der Nachweispflicht im Krankheitsfall

Sehr geehrter Herr Ludewig,

seit dem 17. April 2002 sind Sie arbeitsunfähig. Über Ihre Krankheit informierten Sie Ihren Vorgesetzten, Herrn Braumann, allerdings erst am 25. April 2002, und zwar telefonisch.

In Ihrem Arbeitsvertrag ist festgelegt, dass Sie spätestens am dritten Tag der Krankheit eine Arbeitsunfähigkeitsbescheinigung vorlegen müssen. Gegen diese Verpflichtung haben Sie verstoßen, da wir bis heute keinen Nachweis über Ihre Erkrankung erhalten haben.

Ich beanstande Ihr Verhalten ausdrücklich. Ich fordere Sie auf, die Arbeitsunfähigkeitsbescheinigung unverzüglich einzureichen und Ihre arbeitsvertraglichen Verpflichtungen zu erfüllen.

Sollten Sie künftig erneut gegen die Nachweispflicht im Krankheitsfall verstoßen, müssen Sie mit der Kündigung Ihres Arbeitsverhältnisses rechnen.

Freundliche Grüße

Jürgen Ullrich

Jürgen Ullrich, Geschäftsführer

Durch meine Unterschrift bestätige ich, dass die Angaben vollständig sind und den Tatsachen entsprechen. Die Abmahnung habe ich am
_____ (Datum) erhalten und zur Kenntnis genommen.

_____   _____

Ort und Datum   Unterschrift des Mitarbeiters

Abmahnung:
Verstoß gegen das betriebliche Alkoholverbot

Sehr geehrter Herr Jakobiak,

am 27. Mai 2002 sind Sie von Ihrem Vorgesetzten, Herrn Hillmann, um 14.45 Uhr alkoholisiert an Ihrem Arbeitsplatz angetroffen worden.

Frau Zimmermann und Herr Gerlach können bestätigen, dass Sie am Arbeitsplatz Alkohol getrunken haben und danach stark schwankten. Auf Nachfragen von Herrn Hillman gaben Sie zu, zwei Gläser Cognac getrunken zu haben.

Durch Ihr Verhalten haben Sie gegen das betriebliche Alkoholverbot verstoßen. Daher mahne ich Sie hiermit ausdrücklich ab und fordere Sie auf, sich künftig an das betriebliche Alkoholverbot zu halten.

Ich weise Sie darauf hin, dass Sie im Wiederholungsfall mit der Kündigung Ihres Arbeitsverhältnisses rechnen müssen.

Freundliche Grüße

Jürgen Ullrich

Jürgen Ullrich, Geschäftsführer

Durch meine Unterschrift bestätige ich, dass die Angaben vollständig sind und den Tatsachen entsprechen. Die Abmahnung habe ich am
_____ (Datum) gelesen und verstanden.

_____   _____

Ort und Datum   Unterschrift des Mitarbeiters

Absagen – nicht nur eine Frage der Höflichkeit

Absagen sind eine Frage der Höflichkeit. Daher sollten Sie frühzeitig schriftlich informieren, wenn

- Sie eine Einladung nicht annehmen können,
- ein Angebot für Sie nicht akzeptabel ist,
- ein Termin verschoben werden muss oder
- Sie einem Bewerber keinen Arbeitsplatz anbieten können.

Je eher Sie reagieren, desto glaubwürdiger und höflicher wirkt Ihr Schreiben. Schieben Sie diese unangenehme Aufgabe nicht lange vor sich her.

Herzlichen Dank für Ihre freundliche Einladung!

Sehr geehrter Herr Löhrer,

leider kann ich nicht zur Eröffnung Ihrer neuen Geschäftsräume kommen.

Ich unternehme an diesem Tag eine wichtige, leider nicht aufzuschiebende Geschäftsreise. Ich werde meinen „Antrittsbesuch" aber auf jeden Fall nachholen. Das verspreche ich Ihnen!

Ihnen und Ihren Gästen eine schöne Feier.

Herzliche Grüße

Hans-Jürgen Kröhlich

Hans-Jürgen Kröhlich

Ihr Angebot vom 12. April 2002 können wir leider nicht annehmen!

Sehr geehrte Frau Jung,

vielen Dank für Ihre Unterlagen. Wir haben uns inzwischen für einen anderen Anbieter entschieden. Bei der nächsten Ausschreibung werden wir Sie erneut berücksichtigen.

Freundliche Grüße

Dietrich Sieber

Dietrich Sieber

Vielen Dank für Ihr Angebot vom 17. August 2002!

Sehr geehrter Herr Furrer,

die Qualität Ihrer Produkte hat uns überzeugt. Im Vergleich zu anderen Anbietern liegt Ihr Preis allerdings zu hoch.

Daher können wir das Angebot nicht annehmen. Haben Sie die Möglichkeit, Ihr Angebot noch einmal mit „spitzem Bleistift" neu zu kalkulieren? Dann senden Sie es uns bitte bis zum 3. September 2002 zu. Vielen Dank!

Freundliche Grüße aus Münster

Ulrich Helm

Ulrich Helm

Sehr geehrter Herr Dr. Friedrich,

unseren Termin am 3. Januar 2003 um 12.30 Uhr in Ihrer Kanzlei muss ich leider kurzfristig absagen. Der Grund: eine wichtige Auslandsreise.

Bitte vereinbaren Sie mit meiner Sekretärin, Frau Hauser, einen neuen Termin in der 5. oder 6. Kalenderwoche. Vielen Dank für Ihr Verständnis.

Herzliche Grüße

Klaus Brune

Klaus Brune

Terminverschiebung:
Geplante Konferenz am 4. Februar 2002 um 10.30 Uhr

Sehr geehrte Frau Wahrig,

leider kann unser Treffen nicht wie geplant am 4. Februar 2002 in Köln stattfinden. Unser Geschäftsführer hatte einen schweren Autounfall.

Es tut mir leid, den Termin so kurzfristig absagen zu müssen. Bitte teilen Sie mir bis zum 10. Februar 2002 einen neuen Termin in der zweiten Februarhälfte mit. Herzlichen Dank!

Freundliche Grüße aus Bonn

Gerhard Präger

Gerhard Präger

Herzlichen Dank für Ihre Bewerbung als Sekretärin!

Sehr geehrte Frau Dreier,

auf unsere Stellenanzeige haben wir 56 Bewerbungen erhalten.

Die neue Mitarbeiterin muss zwei Fremdsprachen beherrschen. Diese Voraussetzung erfüllen Sie leider nicht. Daher haben wir uns für eine andere Bewerberin entschieden. Mit diesem Schreiben erhalten Sie Ihre Unterlagen zurück.

Viel Erfolg bei der Suche nach einem neuen Arbeitsplatz.

Freundliche Grüße nach Berlin

Peter Marks

Peter Marks, Personalleiter

Ihre Bewerbung um einen Ausbildungsplatz

Sehr geehrter Herr Küllertz,

vielen Dank für Ihre Unterlagen und Ihr Interesse an einer Ausbildung zum Einzelhandelskaufmann in unserem Betrieb.

Leider stellen wir in diesem Jahr keine Auszubildenden ein. Ihre Unterlagen erhalten Sie daher zurück. Ich wünsche Ihnen bei der weiteren Suche nach einem geeigneten Ausbildungsplatz viel Erfolg.

Freundliche Grüße

Sabine Hansen

Sabine Hansen, Personalabteilung

Anfragen: Verschaffen Sie sich einen Überblick

In der Geschäftskorrespondenz wird zwischen allgemeinen und speziellen Anfragen unterschieden.

- Mit allgemeinen Anfragen fordern Sie Informationsmaterial und detaillierte Unterlagen an:
  - Kataloge
  - Prospekte
  - Preislisten

Allgemeine Anfragen

- Mit speziellen Anfragen fordern Sie ein konkretes Angebot für ein Produkt oder eine Dienstleistung an.

Spezielle Anfragen

Durch allgemeine Anfragen verschaffen Sie sich Sie einen guten Marktüberblick. Mit einer speziellen Anfrage fordern Sie dann in einem zweiten Schritt verschiedene Firmen auf, Ihnen ein individuelles Angebot zu machen. Durch den intensiven Vergleich der Qualität und des Preises finden Sie schnell den optimalen Anbieter.

Ich interessiere mich für Ihr Angebot!

Sehr geehrte Damen und Herren,

bitte senden Sie mir Ihre aktuellen Kataloge, Prospekte, Preislisten und Lieferbedingungen für Kopierer und Laserdrucker. Danke!

Freundliche Grüße aus Potsdam

Klaus-Jürgen Änderle

Klaus-Jürgen Änderle

Achten Sie auf wichtige Details

Je genauer Sie Ihre spezielle Anfragen formulieren, desto individueller wird das Angebot auf Ihren Bedarf zugeschnitten sein. Gehen Sie daher unbedingt auf diese Punkte ein:

- Grund der Anfrage
- Genaue Beschreibung des Produkts oder der Dienstleistung
- Geplante Verwendung
- Qualitätsanforderungen
- Liefermenge, Lieferort und Liefertermin
- Ansprechpartner für Fragen und weitere Informationen
- Form und Termin für das Angebot

Bitte machen Sie uns ein Angebot für einen Kopierer!

Sehr geehrte Damen und Herren,

Sie wurden uns von einem Geschäftsfreund als zuverlässiger Lieferant für moderne Kopierer empfohlen.

Wir benötigen für unser neues Büro zwei Geräte mit Einzelblatteinzug und Sorter. Unser Kopieraufkommen: 15.000 Kopien pro Monat.

Wir erwarten eine zweijährige Garantie auf das Gerät, eine regelmäßige Wartung und einen 24-Stunden-Reparaturservice.

Bitte senden Sie Ihr kostenloses schriftliches Angebot bis zum 15. Mai 2002 an Frau Kersting. Danke!

Freundliche Grüße

Detlev Granel

Detlev Granel, Geschäftsführer

Übrigens: Falls Sie weitere Informationen benötigen, erreichen Sie Frau Kersting unter der Nummer 089 6765-43.

Bitte machen Sie mir ein Angebot für eine Lebensversicherung!

Sehr geehrte Damen und Herren,

zur Absicherung einer Hypothek benötige ich eine preiswerte Risiko-Lebensversicherung.

Ich interessiere mich für Ihren speziellen Nichtrauchertarif.

Bitte machen Sie mir auf der Grundlage der folgenden Daten ein schriftliches Angebot:

> Versicherungssumme: 500.000 Euro
> Versicherungsbeginn: 1. Juni 2002
> Laufzeit: 20 Jahre
> Versicherte Person: Frank Triebel
> Geburtsdatum: 12. August 1955

Ihr Angebot muss spätestens am 15. Mai 2002 schriftlich vorliegen.

Bitte liefern Sie mir außerdem Prospektmaterial und Ihre aktuellen Preise für folgende Versicherungen:

> Private Krankenversicherung
> Krankentagegeld-Versicherung
> Rentenversicherung
> Fondsanlage
> Hausratversicherung

Vielen Dank.

Frank Triebel

Frank Triebel

Übrigens: Ich wünsche keinen Besuch eines Außendienstmitarbeiters, da ich mir zunächst einen Überblick verschaffen möchte.

Lieferung von Büromaterial

Sehr geehrter Herr Sasse,

Sie wurden uns als zuverlässiger und preiswerter Lieferant von Büromaterial empfohlen. Wir sind ein Dienstleistungsunternehmen mit vierzig Mitarbeitern und benötigen regelmäßig größere Mengen folgender Büroartikel:

- Kopierpapier
- Aktenordner und Hängemappen
- Briefumschläge in allen Formaten
- Toner für drei CANON-Kopierer
- Patronen für Tintenstrahldrucker
- Disketten und CD-Rohlinge
- Kugelschreiber, Bleistifte, Textmarker und Folienstifte
- Hängemappen

Bitte teilen Sie uns schriftlich mit, ab welcher Liefermenge und für welche Positionen Sie Mengenrabatt gewähren können. Die Lieferung muss innerhalb von 24 Stunden und frei Haus erfolgen.

Mit diesem Schreiben erhalten Sie unsere Einkaufsbedingungen, die Grundlage aller Aufträge sind. Wir freuen uns, wenn wir in Zukunft zusammenarbeiten.

Für Ihre Fragen und weitere Informationen steht Ihnen Herr Dreier gerne telefonisch zur Verfügung: 0245 5438-69.

Herzlichen Dank für Ihr kurzfristiges und verbindliches Angebot.

Volker Sternberg

Volker Sternberg, Geschäftsführer

Anlage
Einkaufsbedingungen

Möchten Sie unser neues Büro einrichten?

Sehr geehrter Herr Ondrasch,

Sie haben vor einigen Monaten die Geschäftsräume von Herrn Dr. Löwitsch möbliert. Die ausgewählten Schreibtische, Schränke und Bürostühle gefallen mir sehr gut.

Sollten auch Ihre Preise meinen Vorstellungen entsprechen, würde ich Sie gerne mit der Ausstattung meines neuen Büros mit Möbeln aus dem CARDINAL-Programm der Firma Seiwert beauftragen.

Ich arbeite als Architekt und habe sechs Mitarbeiter. Wir benötigen

- acht Schreibtische,
- acht Schreibtischstühle,
- sechs Aktenschränke,
- vier Sideboards,
- einen Tisch mit zehn Stühlen für den Besprechungsraum,
- eine Theke für den Empfang.

Die Lieferung der Möbel muss am 12. Dezember 2002 frei Haus erfolgen. Mit diesem Schreiben erhalten Sie Fotos und einen Grundriss der Räume. Ich habe alle benötigten Möbel mit konkreten Maßen eingezeichnet.

Bitte machen Sie mir bis zum 15. Oktober 2002 ein schriftliches Angebot mit Liefer- und Zahlungsbedingungen. Für Ihre Fragen stehe ich gerne telefonisch zur Verfügung: 0221 2256-78.

Ich freue mich auf Ihr Angebot.

Freundliche Grüße

Jost Sternmann

Jost Sternmann, Architekt

Angebote: So überzeugen Sie Interessenten!

„Der Wurm muss dem Fisch schmecken – nicht dem Angler!" Diese Weisheit von Dale Carnegie sollten Sie bei jedem Angebot beherzigen. Die Vorteile Ihrer Produkte oder Ihrer Dienstleistung müssen den potenziellen Kunden auf den ersten Blick überzeugen.

Nach § 145 des Bürgerlichen Gesetzbuches (BGB) ist Ihr Angebot bindend: Sie müssen zu den beschriebenen Konditionen liefern. Einzige Ausnahme: Sie haben das Angebot durch bestimmte Formulierungen eingeschränkt.

Mögliche Einschränkungen

Es wird zwischen zwei Formen der Einschränkung unterschieden:

- Zeitliche Einschränkung der Verbindlichkeit: „Dieses Angebot gilt nur bis zum 15. März 2002."

Freizeichnungsklauseln

- Einschränkung durch den Hinweis auf Unverbindlichkeit. Dazu werden so genannte Freizeichnungsklauseln verwendet:
  - „Wir bieten Ihnen freibleibend an!"
  - „Preise freibleibend!"
  - „Dieses Angebot gilt nur, solange der Vorrat reicht!"
  - „Ich biete Ihnen unverbindlich an!"
  - „Lieferung freibleibend!"

Details des Angebots

Diese Details sollte Ihr Angebot unbedingt enthalten:

- Art, Beschaffenheit und Qualität des Produkts bzw. der Dienstleistung
- Menge oder Umfang
- Einzel- und Gesamtpreis der angebotenen Waren oder Leistungen
- Enthaltene Mehrwertsteuer
- Hinweise auf Rabatte oder Skonto
- Liefer- und Zahlungsbedingungen
- Angebotsnummer und Ansprechpartner mit Telefonnummer

Ihre Prospekte sind Ihre Visitenkarte!

Sehr geehrte Frau Düring,

vielen Dank für Ihre Anfrage vom 23. März 2002. Den Auftrag übernehmen wir gerne für Sie. Wir garantieren perfekte Druckqualität und termingerechte Lieferung der Prospekte frei Haus:

Auflage:	10.000 Stück
Format:	DIN A5
Umfang:	16 Seiten
Druck:	4/4farbig
Papier:	Kunstdruck, h/frei, weiß 180 Gramm
Verarbeitung:	Gefalzt mit Rückendrahtheftung
Verpackung:	Jeweils 500 Exemplare im Graukarton
Nettopreis:	840 Euro per 0/00
	8.200 Euro für 10.000 Stück
Mehrwertsteuer:	16 % auf alle Preise
Zahlung:	Innerhalb von 10 Tagen 3 % Skonto
	Innerhalb von 30 Tagen netto
Lieferung:	Frei Haus in der 14. Kalenderwoche

Profitieren Sie von unserer Erfahrung und modernster Drucktechnologie. Mit diesem Schreiben erhalten Sie einige Prospekte anderer Firmen, die wir produziert haben. Überzeugen Sie sich selbst!

Dieses Angebot gilt bis zum 15. April 2002.

Freundliche Grüße aus dem Druckhaus Meermann und Partner

Rüdiger Paulus

Rüdiger Paulus

Übrigens: Ihre Fragen beantwortet unser Experte, Herr Gerhard:
Sie erreichen ihn zwischen 8.00 und 17.00 Uhr: 09421 3322-11.

Damit Sie sich so richtig wohl fühlen in Ihren vier Wänden!

Sehr geehrter Herr Dr. Hentze,

vielen Dank für Ihre telefonische Anfrage. Den Neuanstrich Ihres Wohn- und Esszimmers übernehmen wir gerne. Den 25. Mai als Ihren Wunschtermin haben wir verbindlich für Sie reserviert.

Wir bieten Ihnen die Arbeiten zu einem besonders günstigen Preis von 320 Euro. Darin ist die gesetzliche Mehrwertsteuer von 16 Prozent bereits enthalten. Es entstehen keine weiteren Kosten.

Freundliche Grüße

Christian Mersmann

Christian Mersmann

Hier stimmt das Preis-Leistungs-Verhältnis!

Sehr geehrter Herr König,

vielen Dank für Ihre Anfrage. Hier mein Angebot für die Küchengeräte inklusive Lieferung und Einbau am 19. Juni 2002.

Kühlschrank:	360,00 Euro
Mikrowelle:	170,00 Euro
Gesamtpreis:	**530,00 Euro**

Im Gesamtpreis ist die gesetzliche Mehrwertsteuer von 16 Prozent bereits enthalten. Bei den Geräten handelt es sich um Markenprodukte, auf die wir 24 Monate Garantie gewähren.

Freundliche Grüße

Jürgen Wahrig

Jürgen Wahrig

Exkurs: Schuldrechtsreform

Am 1. Januar 2002 ist die Schuldrechtsreform in Kraft getreten. Daraus ergeben sich einige Konsequenzen für Ihr Unternehmen.

Der Verkäufer hat dem Käufer wie bisher eine Ware ohne Mängel zu liefern. Frei von Mängeln ist die Sache nur dann, wenn sie die vereinbarte Beschaffenheit und Haltbarkeit hat.
Mängelfreiheit

Neu ist jedoch, dass auch solche Eigenschaften als vereinbart gelten, die der Käufer nach öffentlichen Äußerungen des Verkäufers oder Herstellers erwarten kann. Zu diesen Äußerungen zählen vor allem Werbeaussagen. Einzige Voraussetzung: Es werden in der Werbung konkrete Eigenschaften genannt.

Ohne Konsequenzen bleiben werbeübliche Aussagen, die keine nachprüfbaren Angaben über die Beschaffenheit des Gegenstands enthalten.

Generell vereinheitlicht werden zudem die derzeit unterschiedlichen Verjährungsfristen, also die Fristen, innerhalb derer ein Anspruch (z. B. auf Schadensersatz) durchgesetzt werden kann. Die Reform führt eine neue Regelverjährung von drei Jahren ein, enthält aber immer noch Ausnahmen, so z. B. bei kauf- und werkvertraglichen Gewährleistungsansprüchen. Hier gilt nun eine Verjährung von zwei Jahren.
Verjährungs-fristen

Behördenbriefe: So kommen Sie zu Ihrem Recht!

„Gehe nie zum Fürst, wenn du nicht gerufen wirst!" Dieses Zitat aus dem 19. Jahrhundert charakterisiert sehr gut die traditionelle Einstellung gegenüber behördlichen Autoritäten. Bis heute ist bei vielen Menschen das ungute Gefühl geblieben, wenn es darum geht, mit einer Behörde und den dort beschäftigten Beamten zu korrespondieren. Der Umgang zwischen den Bürgern und dem Staat spielt sich heute allerdings auf einer rationalen Ebene ab: Als „Kunde" sind Sie nicht mehr ein armer Bittsteller, der sich voller Ehrfurcht dem übermächtigen Beamten nähert, der hinter seinem Schalter thront. Sie haben Rechte, auf die Sie sich berufen und die Sie notfalls vor Gericht einklagen können.

Dienstleis-
tungsbetriebe
des Staates

Viele Behörden verstehen sich heute als Dienstleistungsbetriebe des Staates. Zu ihrem Aufgabenbereich gehört es, Gesetze, Verordnungen und Verwaltungsanweisungen durchzuführen und für die Einhaltung der Rechtsvorschriften zu sorgen. Und viele Beamte haben inzwischen erkannt, dass die Bürger von gestern die Kunden von morgen sind.

Einfache und
klare Aus-
drucksweise

Dieses neue Selbstverständnis spiegelt sich auch in der modernen Behördenkorrespondenz wider. Die Zeit der „Worthülsen", der Floskeln und umständlicher bürokratischer Formulierungen ist vorbei. Drücken Sie sich in Ihren Behördenschreiben einfach, klar und unmissverständlich aus.

Wenn Sie einen Brief an eine Behörde richten, wollen Sie etwas erreichen. Sie sind daran interessiert, dass über Ihren Antrag so schnell wie möglich entschieden wird. Tragen Sie Ihren Teil zu einer schnellen und reibungslosen Abwicklung bei, indem Sie Ihren Brief präzise, verständlich und vollständig formulieren.

Formblätter

Für viele Anliegen gibt es bei den zuständigen Behörden Formblätter. Erkundigen Sie sich rechtzeitig. Häufig ist eine telefonische Anfrage sinnvoll. Lassen Sie sich die Formblätter zuschicken oder holen Sie diese persönlich ab. Fügen Sie Ihrem Antrag alle erforderlichen Anlagen bei. Das erspart Ihnen unnötige Zeitverzögerungen. Kopieren Sie Ihr Schreiben mit allen Unterlagen und legen Sie sich einen Ordner für Ihre Behördenkorrespondenz an. So können Sie jederzeit alle Details nachprüfen. Gleichzeitig sparen Sie wertvolle Zeit, wenn Sie das nächste Mal den gleichen oder einen ähnlichen Antrag stellen müssen.

Achten Sie auf die Fristen

Viele Entscheidungen und Briefe der Behörden enthalten so genannte Rechtsbehelfsbelehrungen. Hier erfahren Sie, welche Fristen Sie bei einem Widerspruch einhalten müssen. Ihr Einspruch ist nur dann wirksam, wenn er fristgemäß bei der Behörde eingeht. Versenden Sie diese Schreiben spätestens drei Tage vor Ablauf der Frist und grundsätzlich als Einschreiben mit Rückschein. Nur so können Sie bei einem Gerichtsverfahren den fristgemäßen Zugang des Briefes beweisen.   ◄

Welche Behörde ist für welches Problem zuständig?

In dieser Aufstellung finden Sie alle Anlässe, mit denen Sie sich an eine Behörde wenden müssen, mit der jeweils zuständigen Behörde:

Checkliste

Problem	Amt/Behörde
Abgaben	Stadtkasse/Steueramt
Abmeldung eines Kraftfahrzeugs	Straßenverkehrsamt
Abwasserangelegenheiten	Tiefbauamt
Adoptionsvermittlung	Jugendamt
Adressänderung	Einwohnermeldeamt
Angelschein	Ordnungsamt
Anmeldung eines Kraftfahrzeugs	Straßenverkehrsamt
Arbeitserlaubnis	Arbeitsamt
Arbeitslosenangelegenheiten	Arbeitsamt
Arbeitsschutz	Gewerbeaufsichtsamt
Asylantrag	Einwohnermeldeamt
Aufenthaltserlaubnis	Einwohnermeldeamt
Aufgebot	Standesamt
Ausbildungsförderung	Jugendamt
Ausweisangelegenheiten	Einwohnermeldeamt
Bauangelegenheiten	Hochbauamt
Beglaubigungen	Einwohnermeldeamt, Standesamt
Berufsberatung	Arbeitsamt
Briefwahlunterlagen	Einwohnermeldeamt
Denkmalschutz	Hochbauamt
Einkommensteuererklärung	Finanzamt
Familienbuch	Standesamt
Fleischbeschau	Veterinäramt
Fundsachen	Ordnungsamt/Fundbüro
Führerscheinangelegenheiten	Straßenverkehrsamt
Führungszeugnis, polizeiliches	Einwohnermeldeamt
Geburtsurkunde	Standesamt

Checkliste

Problem	Amt/Behörde
Gewerbeschein	Ordnungsamt
Gewässerschutz	Wasserwirtschaftsamt
Grundstücksangelegenheiten	Liegenschaftsamt
Heiratsangelegenheiten	Standesamt
Heiratsurkunde	Standesamt
Impfungen	Gesundheitsamt
Jagdschein	Ordnungsamt
Kanalanschluss	Tiefbauamt
Kindergeld	Arbeitsamt
Krankengeld	Krankenkasse
Lebensmittelüberwachung	Veterinärämt
Lohnsteuerjahresausgleich	Finanzamt
Lohnsteuerkarte	Einwohnermeldeamt
Mahnbescheid	Amtsgericht
Mietzuschuss	Sozialamt
Musterung	Kreiswehrersatzamt
Nachforschungsantrag	Post
Passangelegenheiten	Einwohnermeldeamt
Personenbeförderungsschein	Straßenverkehrsamt
Polizeiliches Führungszeugnis	Einwohnermeldeamt
Rentenantrag	Rentenversicherungsträger
Sozialhilfe	Sozialamt
Steuerangelegenheiten	Finanzamt
Sterbeurkunde	Standesamt
Taxikonzession	Ordnungsamt
Umsatzsteuervoranmeldung	Finanzamt
Umschulung	Arbeitsamt
Unterhaltsgeld	Arbeitsamt
Unterhaltsvorschuss	Jugendamt
Vollstreckungsbescheid	Amtsgericht
Vormundschaftsangelegenheiten	Jugendamt

Problem	Amt/Behörde
Wahlangelegenheiten	Einwohnermeldeamt
Waffenschein	Ordnungsamt
Wehrpflichtangelegenheiten	Kreiswehrersatzamt

Schreiben an die Bundesversicherungsanstalt für Angestellte

Antrag auf Klärung des Versicherungsverlaufs
Versicherungsnummer: 510912858S028

Sehr geehrte Damen und Herren,

in den letzten Monaten wurden die Regelungen zur gesetzlichen und privaten Altersvorsorge geändert. Daher möchte ich mir einen genauen Überblick über meine gesetzliche Absicherung verschaffen.

Dabei geht es mir vor allem um die anrechenbaren Zeiten, die durch mein Studium und die Geburt meiner beiden Kinder entstanden sind.

Mit diesem Schreiben erhalten Sie die Unterlagen über mein Studium und die Erziehungszeiten.

Senden Sie mir bitte den Versicherungsverlauf so schnell wie möglich zu. Nur so ist gewährleistet, dass ich die Versorgungslücke durch eine zusätzliche private Versicherung oder private Geldanlage schließe.

Bitte bestätigen Sie den Erhalt dieses Schreibens schriftlich. Danke.

Freundliche Grüße

Renate Klussmann

Renate Klussmann

Anlagen
Studienzeiten
Erziehungszeiten

Schreiben an das Amtsgericht

Verlegung des Gerichtstermins am 13. Juni 2002:
Zeugenaussage im Rechtsstreit Brune gegen Mutlaff
Aktenzeichen: 120/231/DS/2002

Sehr geehrte Damen und Herren,

heute erhielt ich die Vorladung für eine Zeugenaussage im oben genannten Verfahren. Leider kann ich diesen Termin nicht wahrnehmen.

Begründung:

Ich habe aus medizinischen Gründen eine Kur beantragt. Diese ist von der AOK Köln am 6. Februar 2002 bewilligt worden.

Der Kuraufenthalt findet vom 3. Juni bis zum 28. Juni 2002 in Bad Kissingen statt.

Es stellt für mich eine unzumutbare Härte dar, die Kur zu verschieben oder für die Zeugenaussage nach Köln zu kommen.

Daher beantrage ich, mich von meiner Zeugenaussage zu entbinden oder den Termin auf einen späteren Zeitpunkt zu verlegen.

Bitte bestätigen Sie den Eingang dieses Schreibens schriftlich und teilen Sie mir kurzfristig Ihre Entscheidung mit. Vielen Dank.

Freundliche Grüße

Petra Wendt

Petra Wendt

Anlage
Kopie des Schreibens der AOK Köln (oder die Buchungsbestätigung des Reisebüros)

Schreiben an das Amtsgericht

Beantragung eines Mahnbescheids

Sehr geehrte Damen und Herren,

mit diesem Schreiben erhalten Sie das ausgefüllte Formular zur Beantragung eines Mahnbescheids gegen

Manfred Geermann
Pestalozzistraße 127
40549 Düsseldorf

Begründung:

Herr Geermann hat auch nach drei schriftlichen Mahnungen meine Rechnung vom 24. Januar 2002 in Höhe von 1.500 Euro nicht bezahlt.

Daher beantrage ich hiermit einen Mahnbescheid.

Bitte bestätigen Sie den Eingang dieses Schreibens schriftlich. Vielen Dank.

Freundliche Grüße

Robert Terhorst

Robert Terhorst

Anlagen
Formular
Kopie der Rechnung vom 24. Januar 2002

Schreiben an die Stadtverwaltung

**Einspruch gegen das Verwarnungsgeld in Höhe von 20 Euro
Kassenzeichen: 78881547**

Sehr geehrte Damen und Herren,

heute erhielt ich Ihr Schreiben mit dem Verwarnungsgeld über 20 Euro. Mir wird vorgeworfen, am 10. Januar 2002 in der Gartenstraße 23 in Köln ohne Parkschein geparkt zu haben.

Gegen dieses Verwarnungsgeld lege ich hiermit Einspruch ein.

Begründung:

Ich habe einen Parkschein gelöst, den ich vorschriftsmäßig und gut sichtbar auf das Armaturenbrett meines Fahrzeugs gelegt habe. Dies kann ich durch die beiliegende Quittung beweisen. Ich habe sie aufbewahrt, weil ich die Parkkosten steuerlich absetzen kann.

Es handelt sich offensichtlich um ein Versehen. Daher fordere ich Sie auf, das Verwarnungsgeld zurückzuziehen und das Verfahren einzustellen.

Bitte bestätigen Sie den Eingang dieses Schreibens schriftlich und teilen Sie mir kurzfristig Ihre Entscheidung mit. Danke.

Freundliche Grüße

Manfred Schmettke

Manfred Schmettke

Anlage
Kopie der Parkquittung

Beschwerden: So reklamieren Sie erfolgreich

Im Geschäftsleben ist es ganz normal, dass etwas nicht so läuft, wie Sie es sich vorgestellt haben. Dann sollten Sie Ihren Ärger aber nicht einfach „runterschlucken", sondern aktiv werden.

Der Beschwerdebrief ist in vielen Fällen der beste Weg, um Probleme aus der Welt zu schaffen, ohne dass die Geschäftsbeziehung darunter leidet.

In diesen Fällen sollten Sie auf jeden Fall reklamieren:

Gründe zur Reklamation

* Ein Geschäftspartner liefert Ihnen eine fehlerhafte Ware.
* Die Lieferung ist nicht vollständig.
* Die Ware entspricht nicht der vereinbarten Qualität.
* Die Produkte werden zu spät geliefert.
* Die Liefer- oder Zahlungskonditionen werden nicht eingehalten.

Ist Ihre Reklamation erfolgreich, haben Sie vier Möglichkeiten:

1. Die fehlerhaften Produkte werden durch einwandfreie Ware ersetzt. **Umtausch**
2. Sie akzeptieren die Lieferung und vereinbaren mit Ihrem Geschäftspartner einen Preisnachlass. **Minderung**
3. Der Kaufvertrag wird aufgelöst. Falls Sie den Rechnungsbetrag bereits gezahlt haben, erhalten Sie das Geld zurück. **Wandlung**
4. Der Geschäftspartner repariert den Schaden auf eigene Kosten. Diese Lösung bietet sich häufig bei Problemen mit Handwerkern an. **Nachbesserung**

Für welche Lösung Sie sich entscheiden, hängt vom Einzelfall ab. Lassen Sie sich die Vereinbarung grundsätzlich schriftlich bestätigen.

Welche Inhalte sollte Ihr Beschwerdebrief haben?

Diese Elemente sollte Ihr Beschwerdebrief auf jeden Fall enthalten:

Wichtige Details der Bestellung bzw. des Auftrags

* Geben Sie alle wichtige Details an, damit klar ist, worum es geht:
    – Produkt oder Dienstleistung
    – Kundennummer, Auftragsdatum, Auftragsnummer und Kaufdatum
    – Vereinbarte Produktqualität oder Ziel der Dienstleistung
    – Mengenangaben oder Umfang der Dienstleistung
    – Liefertermin und Nummer des Lieferscheins

Art des Mangels
- Was ist schief gelaufen?
  - Ist die Ware beschädigt? Beschreiben Sie Art und Umfang.
  - Begründen Sie, warum Sie mit der Ware nicht zufrieden sind.
  - Erfolgte die Lieferung nicht zum vereinbarten Termin?
  - Wurden die vereinbarten Konditionen nicht eingehalten?

Konsequenzen
- Welche Konsequenzen hatte der Vorfall?
  - Zusätzliche Kosten
  - Produktions- oder Lieferschwierigkeiten

Problemlösung
- Wie kann das Problem gelöst werden?
  - Umtausch
  - Minderung
  - Wandlung
  - Nachbesserung

Termin
- Bis wann erwarten Sie eine Reaktion?
  - Nennen Sie einen Termin für eine schriftliche Stellungnahme.
  - Setzen Sie eine Frist, in der das Problem gelöst werden muss.

Rechtliche Schritte
- Was passiert, wenn das Problem nicht gelöst wird?
  - Machen Sie deutlich, dass Sie sich rechtliche Schritte vorbehalten.

Sie sind beweispflichtig

Falls es zu einem Prozess kommt, sind Sie beweispflichtig. Versenden Sie Ihr Schreiben daher auf jeden Fall als Einschreiben mit Rückschein. Nur so können Sie vor Prozess beweisen, wann und in welcher Form Sie reklamiert haben. Vor einem kostspieligen Verfahren ist es sinnvoll, noch einmal ein persönliches Gespräch zu vereinbaren, um das Problem doch noch außergerichtlich zu lösen. ◀

Unser Auftrag vom 15. Juli 2002
Ihre Lieferung vom 22. Juli 2002, Lieferschein Nummer 16753

Sehr geehrter Herr Kröger,

mit Ihrer Lieferung bin ich nicht zufrieden. Der Grund: Die Qualität entspricht nicht der Warenprobe, die Grundlage unseres Auftrags war.

Ich fordere Sie auf, den Auftrag so auszuführen, wie es vereinbart war. Die neue Ware muss bis zum 28. Juli 2002 geliefert werden.

Bitte teilen Sie mir unverzüglich mit, ob Sie diesen Termin einhalten können, da wir sonst einen anderen Lieferanten beauftragen. Die zusätzlichen Kosten werde ich Ihnen in Rechnung stellen.

Ich hoffe, dass dies nicht nötig sein wird.

Hermann Sanders

Hermann Sanders, Geschäftsführer

Sehr geehrter Herr Vester,

am 18. März 2002 um 9.00 Uhr wollten Sie den Wasserschaden in unseren Büroräumen beheben. Dies hatten Sie mir am 17. März 2002 schriftlich zugesichert.

Trotz dieser Vereinbarung haben Sie den Termin nicht eingehalten.

Da ich Sie telefonisch nicht erreichen konnte, fordere ich Sie hiermit auf, die Arbeiten am 20. März 2002 ab 9.00 Uhr durchzuführen. Falls Sie den Termin nicht einhalten, werde ich meinen Rechtsanwalt einschalten.

Hans-Ulrich Neubert

Hans-Ulrich Neubert

Reklamation

Sehr geehrte Frau Ahlers,

am 15. November 2002 kaufte ich bei Ihnen einen Computer mit Bildschirm und Drucker. Der Kaufpreis betrug 1.600 Euro. Schon am ersten Tag funktionierte der Computer nicht, obwohl Ihre Techniker angeblich alle Programme vorschriftsmäßig installiert und die Funktionen überprüft hatten.

Am 16. November 2002 brachte ich das Gerät zur Reparatur. Trotz einer kompletten Neuinstallation und einer erneuten Prüfung funktionierte es in meinem Büro wieder nicht.

Als Unternehmer bin ich vom einwandfreien Funktionieren meines Computers abhängig. Daher habe ich das Gerät nicht in einem Kaufhaus gekauft, sondern in einem Fachbetrieb.

Ich gebe Ihnen eine letzte Chance, das Gerät zu reparieren. Bitte lassen Sie den Computer am 18. November 2002 ab 9 Uhr in meinem Büro abholen.

Ich erwarte, dass Sie das Gerät am 21. November 2002 bis 10 Uhr in meinen Büroräumen wieder aufbauen. Sollte der Computer wieder nicht funktionieren, werde ich den Kauf rückgängig machen.

Ich hoffe, dass dies nicht nötig sein wird.

Freundliche Grüße

Frank Burscheidt

Frank Burscheidt

Übrigens: Mein Rechtsanwalt erhält eine Kopie dieses Schreibens. Schadenersatzforderungen behalte ich mir vor.

Unser Auftrag vom 15. September 2002

Sehr geehrter Herr Reibert,

trotz Ihrer Auftragsbestätigung vom 17. September 2002 haben Sie die Ware nicht wie vereinbart am 25. September 2002 geliefert.

Ich fordere Sie hiermit auf, den Auftrag bis zum 30. September 2002 auszuführen. Halten Sie diesen Termin nicht ein, werde ich vom Vertrag zurücktreten und gleichzeitig Schadenersatz geltend machen.

Ich hoffe, dass dies nicht nötig sein wird.

Freundliche Grüße

Michael Sandkamp

Michael Sandkamp, Geschäftsführer

Reklamation: Lieferschein Nummer 345679

Sehr geehrte Frau Friedrichs,

am 25. April 2002 lieferte Ihre Firma 25 Kartons mit Aktenordnern. Vereinbart waren jedoch 35 Kartons.

Bitte liefern Sie die fehlenden zehn Kartons bis zum 3. Mai 2002 an unser Büro. Danke.

Freundliche Grüße

Hans-Ulrich Neubert

Hans-Ulrich Neubert

Bestätigungen: So geben Sie Ihren Kunden und Geschäftspartnern Sicherheit

Bestätigungsschreiben sind in der modernen Geschäftskorrespondenz (leider) selten geworden. Denn damit wird häufig auf vier entscheidende Vorteile verzichtet:

Vier Vorteile
1. Die Vereinbarung wird verbindlicher.
2. Das Schreiben gibt beiden Seiten Sicherheit.
3. Teure Missverständnisse werden vermieden.
4. Der Brief kann für persönliche oder werbliche Details genutzt werden.

Formulieren Sie die Bestätigung unmissverständlich

Nennen Sie alle wichtigen Details. Versenden Sie das Schreiben direkt nach der Vereinbarung. Telefax oder E-Mail sind für diese Mitteilungen ideal.   ◄

Terminbestätigung

Sehr geehrter Herr Dr. Fröhlich,

vielen Dank für das freundliche Telefonat. Hiermit bestätige ich den Termin für unser Gespräch in Berlin: Wir treffen uns am 25. Mai 2002 um 15 Uhr im Hotel „Ambassador" am Kurfürstendamm 123.

Ich freue mich auf unser Gespräch.

Herzliche Grüße

Detlev Blaurock

Detlev Blaurock

Termine für ein Rhetorik-Training in Ihrem Hause

Sehr geehrte Frau Hintze,

vielen Dank für das freundliche Telefonat und die Informationen zu den Inhalten und Zielen Ihrer Veranstaltung. Bis zum 15. Juni 2002 reserviere ich Ihnen folgende Termine: 19. bis 20. August 2002 sowie den 24. bis 25. September 2002.

Ich garantiere Ihnen ein Training, das genau auf den Bedarf Ihrer Führungskräfte zugeschnitten ist. Bitte informieren Sie mich, für welchen Termin Sie sich entschieden haben. Danke!

Freundliche Grüße aus Hamburg

Gerhard Mommertz

Gerhard Mommertz, Geschäftsführer

Auftragsbestätigung

Sehr geehrte Frau Janssen,

vielen Dank für Ihren Auftrag. Gerne bestätige ich Ihnen die Lieferungsvereinbarung über sechs Bürostühle, Modell „Komfort Plus", in der 45. Kalenderwoche. Der Preis inklusive Mehrwertsteuer beträgt 1.850 Euro. Die Ware liefern wir frei Haus.

Freundliche Grüße nach Magdeburg

Franziska Greiner

Franziska Greiner

Herzlichen Dank für Ihre Bewerbung als Sekretärin!

Sehr geehrte Frau Hansen,

Ihre Unterlagen haben wir heute erhalten. Es wird zwei Wochen dauern, bis alle Bewerbungen ausgewertet worden sind.

Sie erhalten dann von uns eine schriftliche Nachricht. Bis dahin bitten wir um etwas Geduld. Danke für Ihr Verständnis!

Freundliche Grüße aus Nürnberg

Sabine Jörgensen

Sabine Jörgensen, Assistentin des Personalleiters

Auftragsbestätigung

Sehr geehrter Herr Brettschneider,

hier ist der versprochene Auftrag für die Renovierung unserer Geschäftsräume. Grundlage ist Ihr Angebot vom 17. Juni 2002 mit der Nummer 2472. Sie beginnen am 15. Juli 2002 um 8 Uhr mit den Arbeiten, die spätestens am 17. Juli 2002 um 18 Uhr abgeschlossen sind.

Am 8. Juli 2002 um 14.30 Uhr treffen wir uns hier vor Ort, um die Farbtöne für die einzelnen Räume auszuwählen.

Freundliche Grüße aus Nürnberg

Reiner Uschmann

Reiner Uschmann, Geschäftsführer

**Schade, dass Sie Ihre Mitgliedschaft
in unserem Fitness-Club gekündigt haben!**

Sehr geehrte Frau Mummert,

hiermit bestätige ich, dass Ihre Mitgliedschaft am 31. März 2002 endet. Selbstverständlich können Sie bis dahin alle Leistungen und Angebote nutzen.

Falls Sie in Zukunft wieder etwas Besonderes für Ihre Gesundheit und Fitness tun möchten, bieten wir Ihnen als langjähriges Mitglied besonders günstige Konditionen ohne Mindestvertragslaufzeit.

Vielen Dank für Ihre langjährige Mitgliedschaft und alles Gute.

Sebastian Knippschildt

Sebastian Knippschildt, Geschäftsführer

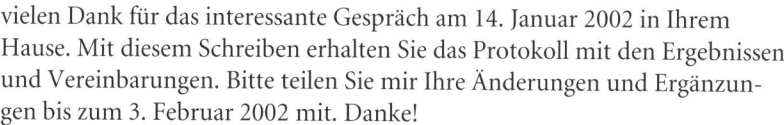

Hier sind die Ergebnisse unserer Besprechung!

Sehr geehrte Frau Tretin,

vielen Dank für das interessante Gespräch am 14. Januar 2002 in Ihrem Hause. Mit diesem Schreiben erhalten Sie das Protokoll mit den Ergebnissen und Vereinbarungen. Bitte teilen Sie mir Ihre Änderungen und Ergänzungen bis zum 3. Februar 2002 mit. Danke!

Freundliche Grüße nach Bayreuth

Helmut Widera

Helmut Widera, Projektleiter

Hotel MERCATOR
Potsdam

Herrn
Jürgen Krieger
Bilker Allee 225

40227 Düsseldorf

Ihr Ansprechpartner: Uta Klein
Ihre Reservierung vom: 17. Mai 2002
Telefon: 0331 4567-0
Telefax: 0331 4567-33
Datum: 18. Mai 2002

Ihre Reservierung bestätigen wir gerne!

Sehr geehrte Frau Beinlich,

herzlichen Dank, dass Sie sich für unser Haus entschieden haben. Unser Team freut sich, Sie bei uns begrüßen und verwöhnen zu dürfen.

Anreise:	15. Juni 2002
Abreise:	17. Juni 2002
Zimmer:	Einzelzimmer, Nichtraucher
Preis:	85 Euro pro Tag inklusive Frühstück

Unser reichhaltiges Frühstücksbuffet garantiert Ihnen einen angenehmen Start in den Tag. In der Tiefgarage parken Sie kostenlos.

Das Zimmer reservieren wir Ihnen bis 19 Uhr. Bitte informieren Sie uns, falls Sie später anreisen. Anruf genügt: 0331 4567-0.

Wir wünschen Ihnen schon heute eine angenehme Anreise.

Freundliche Grüße aus Potsdam

Monika Hollstedt

Monika Hollstedt, MERCATOR-Team

Dankschreiben: Kontakte, Geschäftsbeziehungen und Freundschaften pflegen

In der modernen Geschäftskorrespondenz werden Dankschreiben immer seltener. Dies ist umso überraschender, als die Pflege bestehender Kunden- und Geschäftsbeziehungen ein wesentliches Element systematischer Bestandsarbeit ist.

Nutzen Sie daher die Gelegenheit, mit einem kleinen Brief auf originelle Art „Danke!" zu sagen. In vielen Situationen wird sogar ein Dankschreiben erwartet. Dies gilt vor allem nach Glückwünschen zum Geburtstag, zum Jubiläum oder nach Kondolenzschreiben.

Dankschreiben werden erwartet

CD-ROM

Herzlichen Dank für Ihre Glückwünsche!

Sehr geehrte Frau Jacobi,

über Ihren Brief und die guten Wünsche zu meinem 50. Geburtstag habe ich mich sehr gefreut.

Ihr Geschenk ist eine echte Bereicherung für meine kleine Sammlung. Vielen Dank!

Ich freue mich schon auf unser Treffen am 15. Juni 2002 in Berlin. Bis dahin alles Gute und erfolgreiche Geschäfte.

Freundliche Grüße nach Hannover

Ihr

Hermann Brune

Hermann Brune

Danke für alles!

Sehr geehrter Herr Dr. Ludwig,

seit Jahren beraten Sie meine Firma in allen Steuerfragen. Ihren Rat und Ihre fachliche Kompetenz schätze ich sehr.

Dafür mein ganz persönliches „Dankeschön!" Ohne Sie wäre mein Unternehmen nicht da, wo es heute steht. Unser Erfolg ist zu einem großen Teil auch Ihrem Engagement und Ihrer Beratung zu verdanken.

Ich möchte es aber nicht bei „warmen Worten" belassen: Ich lade Sie mit Ihrer Frau zu einem netten Abendessen – ganz ohne Steuerfragen – ein.

Ich rufe Sie in den nächsten Tagen an, um einen passenden Termin mit Ihnen zu vereinbaren.

Bis dahin alles Gute und herzliche Grüße an Ihre Frau!

Hendrik Dreilmann

Hendrik Dreilmann

Sehr geehrter Herr Kapfer,

herzlichen Dank für die pünktliche Lieferung der Büromöbel.

Es ist ein schönes Gefühl, wenn man sich auf Geschäftspartner verlassen kann.

Freundliche Grüße und ein schönes Wochenende

Sabine Schmidt

Sabine Schmidt

Sehr geehrter Herr Dr. Hartmann,

über Ihren Brief zum 20-jährigen Firmenjubiläum habe ich mich sehr gefreut.

Ihr Geschenk war wirklich eine ganz besondere Idee: Die Originaltitelseite der Tageszeitung vom Eröffnungstag unseres Unternehmens hat inzwischen einen Ehrenplatz in unseren Geschäftsräumen.

Es ist in der heutigen Zeit selten geworden, dass Geschäftsbeziehungen über einen so langen Zeitraum bestehen. Um so mehr weiß ich die Qualität und Verlässlichkeit unserer Freundschaft zu schätzen.

Ich freue mich auf unsere weitere Zusammenarbeit.

Freundliche Grüße

Joachim Werner

Joachim Werner

Lieber Herr Quante,

für Ihre Anteilnahme am Tod meines Vaters danke ich Ihnen sehr.

Es hilft, den Schmerz und die Trauer zu teilen. Ihre persönlichen Zeilen waren für mich sehr tröstlich.

Danke!

Herzliche Grüße

Gerhard Mommsen

Gerhard Mommsen

Vielen Dank für die freundliche Einladung!

Sehr geehrter Herr Dr. Friesen,

Ihre Einladung zur Eröffnung Ihrer neuen Geschäftsräume nehme ich gerne an.

Meine Frau und ich freuen uns sehr und sind wirklich gespannt, mit welchen Ideen Sie uns diesmal überraschen werden.

Wir drücken Ihnen die Daumen, dass alle Handwerker pünktlich fertig werden und alles glatt geht.

Bis zum 17. März!

Klaus Trautmann

Klaus Trautmann

Ohne Sie wäre es nur halb so schön gewesen!

Sehr geehrte Frau Meermann,

ich habe mich sehr gefreut! Trotz Ihres vollen Terminkalenders sind Sie extra nach Bonn gekommen, um mir zum Geburtstag zu gratulieren. Das war eine gelungene Überraschung.

Danke für das wunderschöne Aquarell – und vor allem dafür, dass Sie dabei waren!

Freundliche Grüße nach Bielefeld

Ihre

Claudia Timp

Claudia Timp

Einladungen: So wird Ihre Veranstaltung ein Erfolg

Die schriftliche Einladung bietet Ihren Gästen Verbindlichkeit und wichtige Details, die sie in einem perfekt formulierten Brief schwarz auf weiß jederzeit nachlesen können. Diese Details sind wichtig:

Wichtige Details

- Was ist der Anlass für die Einladung?
- Zu welchem Termin und wo soll die Veranstaltung stattfinden?
- Organisatorisches:
    - Wie kommt man am besten zum Veranstaltungsort?
    - Sind Begleitpersonen eingeladen?
    - Welche Kleidung ist erwünscht?
    - Gibt es etwas zu essen?
    - Bis wann wird eine Zusage erwartet?

Erleichtern Sie Ihren Gästen die Antwort auf Ihre Schreiben: Versenden Sie mit der Einladung eine vorbereitete Antwortkarte. Auf dieser müssen die Gäste nur noch eintragen, ob und mit wie vielen Personen sie kommen. Diese perfekt formulierte Einladung gibt beiden Seiten Sicherheit:

Vorbereitete Antwortkarte

- Die Gäste kennen alle wichtigen Details.
- Als Gastgeber können Sie die Veranstaltung optimal organisieren.

So wecken Sie Interesse

Machen Sie Ihre Gäste in der Einladung neugierig: Sagen Sie das Wesentliche – aber verraten Sie nicht alle Details. Versenden Sie die Einladung etwa vier bis sechs Wochen vor der Veranstaltung, damit Ihre Geschäftsfreunde und Kunden in Ruhe planen können. Häufig ist es sinnvoll, einige Tage vor dem Termin noch einmal auf originelle Art an die Veranstaltung zu erinnern. ◀

Experten-Tipp

Sie sind herzlich zum Tag der offenen Tür eingeladen!

Sehr geehrter Herr Abele,

am 15. Oktober 2002 ist es so weit: Sie haben die Chance, endlich auch einmal hinter die „Kulissen" unseres Unternehmens zu schauen.

Außerdem treffen Sie an diesem Tag alle Mitarbeiter, die Sie bisher nur telefonisch kennen gelernt haben.

Viele technische Neuigkeiten und innovative Produkte erwarten Sie, viele frisch von der Messe.

Lassen Sie sich diese Chance nicht entgehen! Besuchen Sie uns

am 15. Oktober 2002
zwischen 10.00 und 18.00 Uhr
in unseren Geschäftsräumen: Kaiser Allee 114 in Dresden!

Für Ihr leibliches Wohl ist natürlich gesorgt.

Bringen Sie bitte auch Ihre Familie mit. Für die Kinder haben wir etwas vorbereitet, das sicherlich nicht alltäglich ist.

Meine Mitarbeiter und ich freuen uns auf Ihren Besuch!

Gregor Hilpert

Gregor Hilpert, Geschäftsführer

Übrigens: Bitte senden Sie die beiliegende Antwortkarte unbedingt bis zum 30. September 2002 an uns zurück. Denn sie ist Ihr ganz persönliches Glückslos! Sie nehmen damit automatisch an der Verlosung von über 50 attraktiven Preisen teil. Machen Sie mit!

Wir treffen uns auf der Hannovermesse!

Sehr geehrte Frau Zöllner,

in diesem Jahr präsentieren wir Ihnen zum ersten Mal unsere komplette Produktpalette auf der Hannovermesse:

15. bis 29. März 2002
Halle E, Stand 45.07

Senden Sie uns bitte die beiliegende Antwortkarte bis zum 15. März 2002 zurück. Dann erhalten Sie automatisch kostenlose Eintrittskarten. Und wenn Sie einen Termin vereinbaren, nehmen wir uns viel Zeit für ein persönliches Gespräch.

Wir freuen uns auf Ihren Besuch in Hannover!

Peter Reitmeyer

Peter Reitmeyer

Sehr geehrter Herr Gerland,

am 15. März 2002 eröffnen wir unsere neuen Geschäftsräume. Zu diesem Anlass laden wir Sie herzlich zu einem Sektempfang ein:

Am 15. März 2002 um 19.00 Uhr in der Friedrich-Ebert Straße 41 in Koblenz.

Es erwarten Sie viele Überraschungen und ein Mittelmeerbuffet.

Herzliche Grüße

Klaus-Jürgen Schaller

Klaus-Jürgen Schaller

Bitte informieren Sie uns bis zum 10. März 2002, ob Sie Zeit haben.

Nur noch 26 Tage bis Weihnachten!

Sehr geehrter Herr Dr. Walter,

schon wieder geht ein erfolgreiches Geschäftsjahr zu Ende und Sie hatten wesentlichen Anteil an unserem Erfolg.

Daher lade ich Ihre Frau und Sie zu einer kleinen Weihnachtsfeier mit guten Freunden und langjährigen Geschäftspartnern ein, und zwar

am 16. Dezember 2002 um 20.00 Uhr
im japanischen Restaurant „Samurai",
Edelhofstraße 24 in Düsseldorf.

Nicht nur die besondere Art, die Speisen zuzubereiten, wird Sie begeistern. Lassen Sie sich auch von unserem ganz speziellen Rahmenprogramm überraschen.

Ich freue mich sehr auf diesen Abend mit Ihnen.

Herzliche Grüße – auch an Ihre Frau!

Sabine Litterscheidt

Sabine Litterscheidt, Geschäftsführerin

Noch eine kleine Bitte: Senden Sie uns die Antwortkarte bis zum 6. Dezember 2002 zurück, damit wir die Veranstaltung perfekt planen und organisieren können. Danke!

Sehr geehrte Frau Dietrich,

Ihre Bewerbung als Sekretärin hat uns besonders gut gefallen. Daher laden wir Sie herzlich zu einem Vorstellungsgespräch ein, und zwar

am 25. Mai 2002 um 11.00 Uhr
in unseren Geschäftsräumen in der Hainstraße 25 in Köln.

An diesem Gespräch werden der Geschäftsführer, Herr Voss, und unsere Personalchefin, Frau Schubert, teilnehmen. Bitte informieren Sie uns bis zum 20. Mai 2002, ob Ihnen dieser Termin passt .

Damit Sie uns einfach und schnell finden, erhalten Sie mit diesem Schreiben eine Anfahrtsskizze. Wir freuen uns auf Sie!

Freundliche Grüße

Sabine Poschmann

Sabine Poschmann, Personalabteilung

Sehr geehrter Herr Neubert,

Sie haben die erste „Hürde" auf dem Weg zu einem attraktiven Ausbildungsplatz erfolgreich gemeistert: Am 25. April 2002 um 10.00 Uhr nehmen Sie an unserem schriftlichen Einstellungstest teil.

Alle weiteren Details finden Sie auf dem Informationsblatt!

Freundliche Grüße

Renate Mikus

Renate Mikus

Genesungswünsche: So wünschen Sie gute Besserung

Leider wird in schwierigen Situationen selten ein Brief geschrieben. Diese traurige Erkenntnis gilt nicht nur für Kondolenzschreiben, sondern auch für Genesungswünsche. Das ist besonders schade, weil sich die Betroffenen gerade in schwierigen Stunden über einige persönliche Zeilen besonders freuen.

Zuversicht und Optimismus Je individueller Sie Ihren Brief formulieren, desto besser. Verbreiten Sie Zuversicht und Optimismus. Verzichten Sie auf Diskussionen über die Krankheit oder den Unfall, sondern schauen Sie nach vorn. Bieten Sie in schwierigen Fällen Ihre Hilfe und Unterstützung an. Über einen Strauß Blumen oder ein interessantes Buch freut sich jeder Kranke!

Gute Besserung!

Sehr geehrter Herr Wolter,

von Ihrer Frau habe ich heute erfahren, dass Sie die Operation gut überstanden haben. Mir ist wirklich ein Stein vom Herzen gefallen.

Ich drücke Ihnen die Daumen, dass es weiter bergauf geht. Der bunte Frühlingsstrauß soll Ihnen zeigen, dass ich in Gedanken bei Ihnen bin!

Ihre Frau ruft mich an, sobald Sie Besuch empfangen dürfen. Wenn es Ihnen recht ist, schaue ich dann persönlich bei Ihnen vorbei.

Bis dahin alles Gute und herzliche Grüße,

Ihr

Burkhard Fender

Burkhard Fender

Da haben Sie uns aber einen gewaltigen Schrecken eingejagt!

Liebe Frau Veith,

schön, dass es Ihnen nach dem unglücklichen Sportunfall schon wieder besser geht. Wir alle drücken Ihnen die Daumen, dass Sie sich schnell wieder erholen.

Aber lassen Sie es ruhig angehen. Erholen Sie sich und gönnen Sie sich etwas Zeit für sich. Damit Ihnen das ein wenig leichter fällt, erhalten Sie mit diesem Schreiben einen spannenden Bestseller.

Weiterhin gute Besserung und viel Spaß beim Lesen!

Herzliche Grüße – auch im Namen aller Kolleginnen und Kollegen –

Ihre

Martina Oberkamp

Martina Oberkamp

Sehr geehrter Herr Clement,

von einem gemeinsamen Geschäftsfreund habe ich heute erfahren, dass Sie in den nächsten Tagen operiert werden.

Im Elisabeth-Hospital sind Sie garantiert in den besten Händen. Herr Prof. König ist eine echte Kapazität auf seinem Gebiet.

Ich bin sicher, dass alles gut verläuft, und wünsche Ihnen für die weitere Genesung schon jetzt alles Gute.

Der Blumenstrauß soll Ihnen Mut machen und zeigen, dass ich in Gedanken bei Ihnen bin. Alles Gute!

In alter Freundschaft

Stefan Berger

Sehr geehrter Herr Petersen,

herzliche Grüße und alles Gute für die weitere Genesung. Ich bin sicher, dass Sie schon bald wieder „ganz der Alte" sind.

Kann ich in der Zwischenzeit etwas für Sie tun? Nur keine Hemmungen – ich bin jederzeit für Sie da. Ein Anruf genügt!

Ich schaue in den nächsten Tagen persönlich vorbei, kündige meinen Besuch aber vorher telefonisch an. Meine kleine Überraschung mit der Post zu schicken ist doch zu riskant.

Erholen Sie sich gut!

Ihr

Klaus Fendrich

Klaus Fendrich

Sehr geehrter Herr Quandt,

das Schlimmste haben Sie nach Auskunft Ihrer Frau hinter sich. Jetzt geht es mit Sicherheit bergauf!

In den nächsten Tagen verlassen Sie bereits das Krankenhaus, um Ihre Kur zu beginnen. Ich freue mich wirklich, dass Sie sich so schnell von Ihrem Herzinfarkt erholt haben. Nutzen Sie die nächsten Wochen, um Kraft zu tanken und sich zu entspannen.

Herzliche Grüße und alles Gute für die nächsten Wochen!

Ihr

Holger Friedrich

Glückwunschschreiben: So gratulieren Sie persönlich und originell

Gute Kontakte mit Kunden, Mitarbeitern und Geschäftspartnern sollten Sie pflegen. Dazu gehören auch Glückwünsche

- zum Geburtstag,
- zur Hochzeit,
- zum Jubiläum und
- zur Geburt.

Je persönlicher Sie Ihre Glückwünsche formulieren, desto schöner ist die Wirkung. Verzichten Sie auf vorgedruckte Karten. Handgeschriebene Glückwunschschreiben auf Ihrem Geschäfts-Briefbogen wirken persönlich und besonders wertvoll.

Glückwünsche mit der Hand schreiben

Kleine Geschenke erhalten die Freundschaft: Weisen Sie in Ihrem Schreiben auf Ihr Präsent hin, damit der Beschenkte auch nach der Feier noch weiß, womit Sie ihm eine Freude gemacht haben.

Sehr geehrter Herr Fritsche,

zu Ihrem 43. Geburtstag gratuliere ich Ihnen recht herzlich.

Alles Gute für die Zukunft, vor allem Gesundheit und weiterhin so gute geschäftliche Erfolge.

Herzliche Grüße

Ihr

Thomas Ruppel

Thomas Ruppel, Geschäftsführer

Happy birthday to you!

Sehr geehrte Frau Drahn,

ein Diplomat ist ein Mann, der sich den Geburtstag einer Dame merkt und ihr Alter vergisst.

Diese Weisheit des amerikanischen Lyrikers Robert Lee Frost nehme ich mir zu Herzen und sende Ihnen meine „diplomatischen" Glückwünsche zum Geburtstag. Hoffentlich haben Sie lange Freude an dem Frühlingsstrauß.

Herzliche Grüße

Volker Sternberg

**Mit vierzig beginnt das Altsein der Jungen,
mit fünfzig das Jungsein der Alten!**

Sehr geehrter Herr Neubert,
mit dieser kleinen französischen Weisheit sende ich Ihnen meine herzlichen Glückwünsche zum 50. Geburtstag.

Mit erfolgreichen Geschäftsmännern ist es wie mit einem guten Whiskey: Je älter, um so besser! Ich hoffe, dass ich Ihnen mit der Flasche aus Ihrem Geburtsjahr eine kleine Freude mache.

Ich wünsche Ihnen einen schönen Tag im Kreis Ihrer Familie und freue mich auf unsere weitere gute Zusammenarbeit.

Joachim Kleuser

**Verschenken kannst du viele Sachen,
doch nur mit wenigen Freude machen.**

Sehr geehrter Herr Hansen,

„Kunst des Schenkens" hat Eugen Roth diesen Zweizeiler genannt.

Ich hoffe, dass Sie sich über das Geschenk zum 50. Geburtstag freuen. Es kommt wirklich von Herzen. Herzlichen Glückwunsch und alles Gute!

Ich möchte diesen „runden" Geburtstag nutzen, um Ihnen für Ihr Engagement und Ihre Loyalität zu danken. Was Sie in den letzten Jahren zum Erfolg unseres Unternehmens beigetragen haben, geht sicherlich weit über das hinaus, was ein Chef von seinem Mitarbeiter erwarten kann.

Genießen Sie die Reise zusammen mit Ihrer Frau. Gerade in den letzten Wochen und Monaten musste Ihre Gattin abends oft lange auf Sie warten, weil Sie noch hier im Büro gearbeitet haben.

Ich wünsche Ihnen einen schönen Tag zusammen mit Ihrer Familie, Ihren Verwandten und Freunden. Und dann genießen Sie Ihren Urlaub in vollen Zügen und vergessen Sie einmal für ein paar Tage das Büro. Das haben Sie sich wirklich verdient.

Herzliche Grüße – und nicht ganz ohne Eigennutz: auf weiterhin gute und erfolgreiche Zusammenarbeit!

Ihr

Roland Burger

Übrigens: Selbstverständlich wird Ihr Urlaubs- und Girokonto durch die Reise nicht belastet!

Herzlichen Glückwunsch zur Geschäftseröffnung!

Sehr geehrte Frau Mersmann,

endlich ist es so weit – Sie haben es geschafft! Alles Gute zur Eröffnung Ihrer Filiale – vor allem viel Erfolg und zufriedene Kunden.

Ich wäre gerne persönlich zu Ihrer Feier gekommen. Leider haben mir wichtige Termine einen Strich durch die Rechnung gemacht. Aber als erfolgreiche Unternehmerin wissen Sie es selbst am besten: Die Geschäfte gehen immer vor!

Ich wünsche Ihnen einen schönen Tag und hoffe, dass ich Ihnen mit meinem Geschenk eine kleine Freude mache.

Herzliche Grüße und auf gute Zusammenarbeit!

Manfred Dankert

Vor 40 Jahren fing alles an!

Sehr geehrter Herr Gasser,

zu Ihrem 40-jährigen Geschäftsjubiläum gratuliere ich Ihnen ganz herzlich. Ohne Ihr Engagement und Ihre Ideen wäre das Unternehmen heute nicht da, wo es steht: an der Spitze der Branche!

Ich wünsche Ihnen, dass Sie auch in Zukunft so erfolgreich sind.

Alles Gute und herzliche Grüße

Werner Berkemeyer

Sehr geehrter Herr Gerland,

über Ihre Heiratsanzeige habe ich mich sehr gefreut. Ich gratuliere Ihnen und Ihrer Frau von Herzen und wünsche Ihnen für die gemeinsame Zukunft alles Gute.

Die Wahl der Ehefrau ist wohl eine der wichtigsten Entscheidungen im Leben. Und ob es jetzt die großen Erfolge oder die kleinen Ereignisse des Alltags sind: Wir erleben unsere Erfahrungen viel intensiver, wenn wir sie mit einer geliebten Partnerin teilen können.

Dieses Glück wünsche ich Ihnen und Ihrer Frau ein Leben lang.

Ihr

Klaus Schütz

Sehr geehrte Frau Gründel, lieber Herr Gründel,

herzlichen Glückwunsch zur Geburt Ihres Sohnes Markus.

Ich freue mich ganz besonders, dass sich Ihr sehnlichster Wunsch erfüllt hat: Neben Ihren reizenden Töchtern sitzt in Zukunft auch ein „strammer Junge" am Tisch.

Doch bis dahin dauert es ja zum Glück noch ein bisschen. Genießen Sie die schöne Zeit mit Ihrem kleinen Sohn! Die Kinder werden so schnell groß.

Alles Gute und viele Grüße

Reinhold Becker

Kondolenzbriefe: So zeigen Sie Mitgefühl und bieten Ihre Hilfe an

Kondolenzschreiben gehören sicherlich zu den schwierigsten Briefen der Geschäftskorrespondenz. Die folgenden Informationen und Musterbriefe helfen Ihnen, immer die richtigen Worte zu finden, um den Hinterbliebenen Ihre Anteilnahme mitzuteilen.

Stil und Inhalt   Der Stil und der Inhalt des Kondolenzschreibens hängt von Ihrer Beziehung zum Verstorbenen und dessen Familie ab: Je intensiver das Verhältnis war, desto persönlicher sollten Sie den Brief formulieren. In allen anderen Fällen ist weniger häufig mehr.

Schreiben Sie auf einem Geschäftsbriefbogen ohne Bankverbindung und ohne Informationsblock. Im Zweifelsfall verwenden Sie eine zweite Seite nur mit dem Logo Ihres Unternehmens. Nutzen Sie auf keinen Fall Papier mit schwarzem Rand. Es ist nur für die Korrespondenz aus dem Trauerhaus vorgesehen! Besonders wertvoll und persönlich wirken handgeschriebene Briefe. Versenden Sie Ihren Kondolenzbrief, sobald Sie vom Tod der Person erfahren.

Aufbau   Der Aufbau des Kondolenzschreibens hängt vom Verhältnis zum Verstorbenen und von den äußeren Umständen des Todes ab. Diese Elemente sind möglich:

- Mitgefühl und Anteilnahme
- Würdigung der Person und der Leistungen des Verstorbenen
- Erinnerung an gemeinsame Erlebnisse
- Trost für die Hinterbliebenen
- Hilfsangebot
- Ankündigung eines Besuchs

Experten-Tipp

Verzichten Sie auf vorgedruckte Beileidskarten

Ein kurzer, persönlicher und handgeschriebener Brief wirkt individueller und glaubwürdiger.   ◄

Sehr geehrter Herr Günther,

die Nachricht vom Tode Ihrer lieben Frau hat mich tief getroffen.

Ich teile mit Ihnen den Schmerz und wünsche Ihnen, dass Sie den Kummer überwinden. Sagen Sie mir bitte, wie ich Ihnen helfen kann.

Mit tiefem Mitgefühl

Michael Oppenheim

Sehr geehrte Frau Fendrich,

ich kann es immer noch nicht fassen: Hans Fendrich ist tot.

Er war ein guter Freund und ich habe ihn sehr geschätzt.

In herzlicher Anteilnahme

Norbert Hübner

Sehr geehrte Frau Hölscher,

Sie haben Ihren Mann durch einen tragischen Unfall verloren. Zu diesem Verlust spreche ich Ihnen mein tiefes Mitgefühl aus.

Jürgen Hölscher war nicht nur ein zuverlässiger Mitarbeiter, sondern immer auch ein hilfsbereiter Kollege. Wir werden ihn alle vermissen.

In aufrichtiger Verbundenheit

Klaus-Jürgen Lohe

Lieber Wilfried,

zum plötzlichen Tod eurer kleinen Caroline sende ich euch unser tief empfundenes Mitleid.

Unsere Kinder sind genauso erschüttert wie wir. Renate kann es noch immer nicht fassen, dass sie den Schulweg in Zukunft immer alleine gehen wird.

Unsere Gedanken sind in diesen Tagen bei euch. Bei dem letzten schweren Gang werden wir euch begleiten.

Wir sind sehr traurig.

Gisela Schilling   *Peter Schilling*

Sehr geehrte Frau Jakobs,

zum Tode Ihres lieben Mannes, unseres verehrten Chefs, spreche ich Ihnen mein herzliches Beileid aus.

Sein Tod kommt für uns alle viel zu früh. Seine Tatkraft, seine Erfahrung und vor allem seine Weitsicht werden uns fehlen.

Ich würde Ihrem Sohn gern mit Rat und Tat zur Seite stehen und bei schwierigen Entscheidungen helfen. Das Lebenswerk Ihres Mannes wird die Zeit überdauern.

Mit tiefem Mitgefühl

Ihr

Hans-Werner Heitmann

Liebe Margot,

der plötzliche Tod deines lieben Mannes – meines Freundes – hat mich tief getroffen und erschüttert.

Ich fühle mit dir und finde keine Worte, um dir in deinem tiefen Schmerz Trost zu spenden.

Bei deinem schweren Gang werde ich an deiner Seite sein. Bitte sage mir, wie ich dir und den Kindern helfen kann.

In tiefer Trauer und mit einer tröstenden Umarmung.

Dein

Klaus

Sehr geehrte Frau Brauckmann,

der plötzliche und tragische Tod Ihres Mannes macht mich tief betroffen. Mein aufrichtiges Beileid.

Ihr Mann war mehr als fünfzehn Jahre in meiner Firma beschäftigt. Sein Engagement, seine Ideen und seine Zuverlässigkeit habe ich sehr geschätzt.

Seine Loyalität und sein freundschaftlicher Rat werden mir fehlen.

Ich trauere mit Ihnen um einen wertvollen Menschen.

Daniel Klettmann

Kündigungen: So beenden Sie Verträge schnell und rechtssicher

Nicht nur im Arbeitsrecht Kündigungen spielen nicht nur im Arbeitsrecht eine wichtige Rolle. Auch die Beendigung von Vereinbarungen im Miet- und Vertragsrecht sind im Geschäftsleben an der Tagesordnung. Daher müssen Sie die wichtigsten rechtlichen Grundlagen bei der Beendigung von Verträgen kennen und beherrschen.

Es wird zwischen zwei Arten von Kündigungen unterschieden:

Fristgerecht • Fristgerechte Kündigung: Sie beendet einen Vertrag erst nach Ablauf einer vertraglich oder gesetzlich festgelegten Frist. Sie wird auch als ordentliche Kündigung bezeichnet.

Fristlos • Fristlose Kündigung: Sie beendet einen Vertrag mit sofortiger Wirkung beendet. Sie wird auch als außerordentliche Kündigung bezeichnet.

Eine fristlose Kündigung eines Vertrags ist nur in Ausnahmefällen möglich: Es muss ein wichtiger Grund vorliegen, der es unzumutbar macht, den Vertrag bis zum Ablauf der Kündigungsfrist fortzusetzen.

Gehen Sie auf Nummer sicher

Die Gerichte nehmen außerordentliche Kündigungen bei einem Prozess sehr genau unter die Lupe. In der Praxis hat sich daher folgende Vorgehensweise bewährt: Kündigen Sie bei einer fristlosen Vertragsbeendigung gleichzeitig hilfsweise fristgerecht. Der Vorteil: Wird die fristlose Kündigung nicht anerkannt, tritt automatisch die fristgerechte Kündigung in Kraft, ohne dass Sie noch etwas unternehmen müssen.   ◂

Einschreiben mit Rückschein Bei einem Prozess sind Sie beweispflichtig. Versenden Sie Ihr Schreiben daher grundsätzlich als Einschreiben mit Rückschein. Nur so können Sie vor Gericht beweisen, dass der Vertragspartner das Schreiben fristgerecht erhalten hat. Lassen Sie sich in schwierigen Fällen unbedingt von einem erfahrenen Anwalt beraten!

Fristgerechte Kündigung

Sehr geehrter Herr Neubert,

hiermit kündige ich den mit Ihnen bestehenden Arbeitsvertrag fristgerecht zum 31. März 2002. Sollte die Frist aus irgendwelchen Gründen nicht eingehalten worden sein, kündige ich das Arbeitsverhältnis hilfsweise zum nächstmöglichen Termin.

Der Betriebsrat ist gemäß § 102 Absatz 1 des Betriebsverfassungsgesetzes gehört worden. Er hat der Kündigung innerhalb der gesetzlichen Frist zugestimmt. Eine Kopie der Stellungnahme erhalten Sie mit diesem Schreiben.

Bitte bestätigen Sie mit Ihrer Unterschrift auf der Kopie dieses Schreibens, dass Sie die Kündigung erhalten haben, und senden Sie diese bis zum 15. März 2002 unterschrieben an die Personalabteilung. Vielen Dank.

Freundliche Grüße

Lothar Zerne

Lothar Zerne, Personalleiter

Durch meine Unterschrift bestätige ich, dass ich die Kündigung

am _____ erhalten und zur Kenntnis genommen habe.

_____   _____
Ort und Datum   Unterschrift des Mitarbeiters

Anlagen
Kopie der Kündigung
Stellungnahme des Betriebsrats

Fristlose Kündigung

Sehr geehrte Frau Hölscher,

hiermit kündige ich den seit 18. Mai 2001 bestehenden Arbeitsvertrag fristlos. Hilfsweise spreche ich gleichzeitig die fristgerechte Kündigung zum 31. Dezember 2002 aus. Sollte die Frist aus irgendwelchen Gründen nicht eingehalten worden sein, kündige ich das Arbeitsverhältnis hilfsweise zum nächstmöglichen Termin.

Trotz der Abmahnung vom 6. Juli 2002 haben Sie am 15. August 2002 an Ihrem Arbeitsplatz Alkohol getrunken. Damit haben Sie erneut gegen das betriebliche Alkoholverbot verstoßen. Für den Vorfall gibt es Zeugen.

Ihr Verhalten macht eine Fortsetzung des Arbeitsverhältnisses für mich unzumutbar.

Der Betriebsrat ist gemäß § 102 Absatz 1 des Betriebsverfassungsgesetzes gehört worden. Er hat der fristlosen Kündigung zugestimmt.

Bitte bestätigen Sie mit Ihrer Unterschrift auf der Kopie dieses Schreibens, dass Sie die Kündigung erhalten haben. Bitte senden Sie diese bis zum 26. August 2002 unterschrieben an mich zurück.

Daniela Schneider

Daniela Schneider, Geschäftsführerin

Durch meine Unterschrift bestätige ich, dass ich die Kündigung

am _____ erhalten und zur Kenntnis genommen habe.

_____   _____
Ort und Datum   Unterschrift der Mitarbeiterin

Kündigung der Büroräume in der Hainstraße 124

Sehr geehrter Herr Jürgens,

hiermit kündige ich die Büroräume fristgerecht zum 31. März 2002.

Bitte rufen Sie mich in den nächsten Tagen an, damit wir einen Termin zur Besichtigung der Räume vereinbaren können. Wir legen dann schriftlich fest, welche Renovierungsarbeiten ich übernehme, um die Räume ordnungsgemäß zu übergeben.

Freundliche Grüße

Gerd Klöpper

Gerd Klöpper, Geschäftsführer

Bitte bestätigen Sie die Kündigung schriftlich. Danke.

Sehr geehrte Frau Tepper,

hiermit kündige ich die Büroräume in der Sanderstraße 12 fristlos. Hilfsweise kündige ich gleichzeitig fristgerecht zum 30. September 2002. Bitte bestätigen Sie die Kündigung schriftlich.

Ich habe Sie am 15. August 2002 und am 2. September 2002 schriftlich darauf hingewiesen, dass die Räume feucht sind. Trotz meiner deutlichen Aufforderungen haben Sie nichts unternommen. Daher ist eine Fortsetzung des Mietvertrags für mich unzumutbar.

Freundliche Grüße

Svenja Terhorst

Svenja Terhorst, Geschäftsführerin

Kündigung des Mietvertrags: Wenzelstraße 24, Erdgeschoss

Sehr geehrter Herr Fritsche,

hiermit kündige ich den Mietvertrag fristgerecht zum 30. Juni 2002. Sollte die gesetzliche Frist nicht eingehalten worden sein, kündige ich den Vertrag hilfsweise zum nächstmöglichen Termin.

Nach § 7 des Mietvertrags sind Sie verpflichtet, die Miete spätestens bis zum 3. Werktag eines jeden Monats zu zahlen. An diese Pflicht haben Sie sich nicht gehalten:

- Für Januar haben Sie die Miete erst am 16. Februar 2002 gezahlt.
- Für Februar haben Sie die Miete erst am 21. März 2002 gezahlt.
- Für März haben Sie die Miete erst am 19. April 2002 gezahlt.

Ich habe Sie am 20. April 2002 schriftlich aufgefordert, die Miete pünktlich zu zahlen, da ich sonst den Mietvertrag kündigen werde. Dennoch haben Sie die Miete für den Monat April bis zum 21. Mai 2002 nicht gezahlt. Die Fortsetzung des Mietvertrags ist daher für mich nicht mehr zumutbar.

Sind Sie mit der Kündigung nicht einverstanden, haben Sie nach § 574a des Bürgerlichen Gesetzbuches das Recht, bis zwei Monate vor dem Kündigungstermin schriftlich zu widersprechen.

Bitte bestätigen Sie mit Ihrer Unterschrift auf der Kopie dieses Schreibens, dass Sie die Kündigung erhalten haben. Vielen Dank.

Freundliche Grüße

Robert Köchlin

Durch meine Unterschrift bestätige ich, dass ich die Kündigung am _____ (Datum) erhalten und zur Kenntnis genommen habe.

Ort und Datum	Unterschrift des Mieters

Fristgerechte Kündigung des Telefonanschlusses 0228 35678
Kundennummer: 3 245 679 123

Sehr geehrte Damen und Herren,

hiermit kündige ich meinen Telefonanschluss zum nächstmöglichen Termin. Der Grund: zu hohe Gebühren.

Bitte bestätigen Sie die Kündigung schriftlich und teilen Sie mir mit, zu welchem Termin die Kündigung wirksam wird. Danke!

Freundliche Grüße

Peter Hinrichs

Peter Hinrichs

Kündigung meines Girokontos, Kontonummer: 4 334 691 399

Sehr geehrte Damen und Herren,

hiermit kündige ich mein Konto fristgerecht zum 31. März 2002. Der Grund: Die Kontoführungsgebühren sind zu hoch. Bitte überweisen Sie das Guthaben auf mein neues Konto:

     Commerzbank Köln
     Kontonummer: 236 789 142
     Bankleitzahl: 370 400 44

Bestätigen Sie die Kündigung bitte schriftlich. Danke.

Hartmut Jarischke

Hartmut Jarischke

**Außerordentliche Kündigung
meiner Kraftfahrzeugversicherung: 236.543.21**

Sehr geehrte Damen und Herren,

am 25. April 2002 teilten Sie mir schriftlich mit, dass sich der Beitrag ab
1. Juli 2002 um mehr als fünf Prozent erhöht. Daher mache ich hiermit von
meinem außerordentlichen Kündigungsrecht Gebrauch und kündige die
Versicherung zum 30. Juni 2002.

Bitte bestätigen Sie schriftlich, dass Sie die Kündigung erhalten haben.

Freundliche Grüße

Helga Lorant

Fristlose Kündigung meines Abonnements, Kundennummer: 264321

Sehr geehrte Damen und Herren,

am 15. September 2002 teilte ich Ihnen schriftlich mit, dass ich meine Tageszeitung mehrfach nicht erhalten habe. Ich forderte Sie auf, für die pünktliche Zustellung der Zeitung zu sorgen, da ich den Vertrag sonst kündigen
werde.

Dennoch habe ich meine Zeitung an den letzten drei Tagen wieder nicht
erhalten. Daher kündige ich das Abonnement fristlos, da mir die Fortsetzung des Vertrags nicht zugemutet werden kann.

Bitte bestätigen Sie die Kündigung schriftlich. Danke.

Freundliche Grüße

Helmut Berger

Mahnungen: Wenn Kunden nicht pünktlich zahlen

Aktuelle Studien zeigen, dass die Zahlungsmoral in Deutschland noch nie so schlecht war wie heute: Über 73 Prozent aller Rechnungen werden nicht pünktlich bezahlt. Viele Firmen und Freiberufler warten bis zu drei Monate auf ihr Geld. Immer mehr Unternehmen geraten durch die schlechte Zahlungsmoral ihrer Kunden in finanzielle Schwierigkeiten. Forderungsausfälle und Konkurse sind an der Tagesordnung.

Schlechte Zahlungsmoral

Die Bundesregierung hat aus dieser Situation gesetzliche Konsequenzen gezogen: Seit dem 1. Mai 2000 gilt das Gesetz zur Beschleunigung fälliger Zahlungen. Es ändert die Verzugsvoraussetzungen für Geldforderungen. Bisher geriet ein Schuldner vorbehaltlich besonderer Vereinbarungen nach § 284 des Bürgerlichen Gesetzbuches (BGB) nur aufgrund einer Mahnung oder einer nach dem Kalender bestimmten Fälligkeit in Verzug. Durch das neue Gesetz gerät ein Kunde oder Geschäftspartner automatisch in Verzug, wenn er einer Geldforderung 30 Tage nach Fälligkeit und Zugang einer Rechnung oder einer gleichwertigen Zahlungsaufforderung nicht nachkommt. Eine Mahnung ist nicht mehr notwendig. Gleichzeitig wurden die Verzugszinsen von bisher vier Prozent pro Jahr auf einen Zinssatz in Höhe von fünf Prozentpunkten über dem Basiszinssatz nach § 1 des Diskontsatz-Überleitungsgesetzes erhöht.

Neues Gesetz

Zahlungsverzug

Der Verzug tritt automatisch 30 Tage nach Zugang und Fälligkeit einer Rechnung ein. Falls Sie Ihren Kunden eine Zahlungsfrist von zehn Tagen gewähren, können Sie ab dem 40. Tag Verzugszinsen berechnen. Liegt der Basiszinssatz der Bundesbank bei vier Prozent, können Sie Verzugszinsen in Höhe von neun Prozent pro Jahr berechnen.

Es hängt von der Beziehung zu Ihren Kunden ab, ob Sie die rechtlichen Möglichkeiten konsequent umsetzen. Bei guten Kunden sollten Sie ein dreistufiges Mahnverfahren einsetzen:

Dreistufiges Mahnverfahren

- 1. Mahnung: freundliche Erinnerung
- 2. Mahnung: Zahlungsaufforderung mit einem Hinweis auf die rechtlichen Konsequenzen, falls der Betrag nicht gezahlt wird.
- 3. Mahnung: letzte Mahnung mit einer Frist für die außergerichtliche Lösung des Problems.

Danach sollten Sie entweder einen gerichtlichen Mahnbescheid beantragen oder Ihre Forderung einem Inkassobüro übergeben. Beide Wege führen in über 90 Prozent aller Fälle zum Erfolg. Einziger Nachteil: Sie verlieren unter Umständen einen Kunden. Dies sollten Sie allerdings im Hinblick auf die „finanzielle Gesundheit" Ihres Unternehmens in Kauf nehmen.

Zahlungserinnerung

Sehr geehrter Herr Finke,

zur Zeit ist Ihr Kundenkonto nicht ausgeglichen: Die Rechnung vom 7. März 2002 über 1.245,60 Euro ist noch nicht bezahlt.

Zahlungen bis zum 31. März 2002 haben wir berücksichtigt.

Bitte überweisen Sie den Betrag bis zum 17. April 2002 auf eines der angegebenen Konten. Danke.

Freundliche Grüße

Norbert Löhrig

Haben Sie die Rechnung vom 30. September 2002 vergessen?

Sehr geehrte Frau Linke,

heute habe ich die Zahlungseingänge überprüft. Dabei ist mir aufgefallen, dass der Rechnungsbetrag von 865,20 Euro bis zum 15. Oktober 2002 noch nicht auf unserem Konto eingegangen ist.

Bitte prüfen Sie Ihre Unterlagen und überweisen Sie den Betrag bis zum 22. Oktober 2002 auf eines unserer Konten. Mit diesem Schreiben erhalten Sie eine Kopie der Rechnung.

Haben Sie in der Zwischenzeit gezahlt? Dann können Sie dieses Schreiben direkt in den Papierkorb werfen. Danke.

Freundliche Grüße

Norbert Löhrig

1. Mahnung
Ihr Auftrag vom 16. Juni 2002 und unsere Lieferung vom 21. Juni 2002

Sehr geehrter Herr Reinke,

Ihren Auftrag haben wir gerne, schnell und pünktlich ausgeführt. Leider warten wir bis heute vergeblich auf den Zahlungseingang.

Bitte überweisen Sie den Rechnungsbetrag von 3.689,42 Euro bis zum 17. Juli 2002 auf unser Konto. Danke!

Freundliche Grüße

Heike Lüning

Heike Lüning, Rechnungswesen

2. Mahnung
Ihr Auftrag vom 6. April 2002
Unsere Lieferung vom 12. April 2002
Rechnung Nummer 3421567 vom 14. April 2002

Sehr geehrter Herr Hase,

am 21. April 2002 haben wir Sie an den Zahlungsrückstand von 234,56 Euro erinnert.

Bis heute haben wir weder eine Zahlung noch eine Reaktion von Ihnen erhalten. Wir sind enttäuscht!

Bitte überweisen Sie den Rechnungsbetrag bis zum 5. Mai 2002 auf unser Konto:

Bankverbindung: Dresdner Bank Hamburg
Kontonummer: 9 874 356
Bankleitzahl: 200 800 00.

Sollten wir bis zum 5. Mai 2002 keinen Zahlungseingang feststellen, werden wir zusätzlich Mahngebühren und Verzugszinsen berechnen.

Wir hoffen, dass dies nicht nötig sein wird!

Freundliche Grüße

Friedrich Küpper

Friedrich Küpper, Rechnungswesen

Übrigens: Für Ihre Fragen und weitere Informationen steht Ihnen Frau Keller gerne telefonisch zur Verfügung: 02921 3457-21.

2. Mahnung: Ihr Auftrag vom 6. April 2002
Unsere Lieferung vom 9. April 2002
Rechnung Nummer 1567 vom 12. April 2002

Sehr geehrte Frau Uhlig,

auf unsere freundliche Zahlungserinnerung haben Sie bis heute nicht reagiert. Das ist wirklich schade, da unsere Geschäftsbeziehung bisher reibungslos und sehr erfolgreich verlief.

Zusätzlich zum Rechnungsbetrag berechnen wir jetzt Mahngebühren und Verzugszinsen. Dazu sind wir nach dem Gesetz zur Beschleunigung fälliger Zahlungen berechtigt.

Bitte überweisen Sie den Gesamtbetrag von 4.376,56 Euro bis zum 3. Mai 2002. Nutzen Sie dazu den ausgefüllten Überweisungsträger, den Sie mit diesem Schreiben erhalten.

Sollten wir bis zum 3. Mai 2002 keinen Zahlungseingang feststellen, werden wir den Vorgang einem Inkassounternehmen übergeben. Ihnen entstehen dann weitere Kosten. Wir hoffen, dass dies nicht nötig sein wird.

Freundliche Grüße

Roland Birkner

Roland Birkner, Buchhaltung

Mit diesem Schreiben erhalten Sie eine Kopie der Rechnung und eine detaillierte Aufstellung der Mahngebühren und Verzugszinsen. Für Ihre Fragen und weitere Informationen steht Ihnen Frau Keller gerne telefonisch zur Verfügung: 02921 3457-21.

2. Mahnung

Sehr geehrter Herr Kaiser,

die Lieferung vom 6. September 2002 haben Sie pünktlich erhalten. Uns liegt allerdings noch keine Zahlung vor.

Auf unsere 1. Mahnung haben Sie nicht reagiert. Bitte überweisen Sie den Rechnungsbetrag von 1.549,40 Euro bis zum 23. September 2002 auf unser Konto 14 563 489 bei der Stadtsparkasse Nürnberg, BLZ 760 501 01.

Danke, dass Sie es jetzt sofort erledigen.

Freundliche Grüße

Hans-Jürgen Ditschmann

Hans-Jürgen Ditschmann, Buchhaltung

2. Mahnung

Sehr geehrte Frau Uhlig,

bis heute haben Sie nicht auf unsere 1. Mahnung reagiert.

Wir fordern Sie daher auf, den Rechnungsbetrag von 564,73 Euro bis zum 3. Mai 2002 zu zahlen. Einen ausgefüllten Überweisungsträger erhalten Sie mit diesem Schreiben.

Sollten Sie nicht bis zu diesem Termin zahlen, werden wir den Vorgang unserem Anwalt übergeben. Bitte nutzen Sie die Chance, das Problem außergerichtlich zu lösen.

Freundliche Grüße

Susanne Bertram

Susanne Bertram, Rechnungswesen

Mahnung
Rechnung Nummer: 5632/63 vom 4. Oktober 2002
Kundennummer: 093456/1

Sehr geehrter Herr Schlüter,

die Lieferung vom 2. Oktober 2002 haben Sie pünktlich erhalten. Wir gehen davon aus, dass Sie mit der Ware zufrieden sind. Denn uns liegt keine telefonische oder schriftliche Reklamation vor.

Jetzt fehlt nur noch die Zahlung des Rechnungsbetrags in Höhe von 7.556,80 Euro.

Nach dem neuen Gesetz zur Beschleunigung fälliger Zahlungen sind wir berechtigt, Verzugszinsen zu berechnen. Zur Zeit betragen sie 9,26 Prozent pro Jahr.

Daher ergibt sich folgende Forderung:

Rechnungsbetrag	7.556,80 Euro
Verzugszinsen für einen Monat	58,31 Euro
Gesamtbetrag	**7.615,11 Euro**

Bitte überweisen Sie den Betrag bis zum 8. Dezember 2002 auf unser Konto:

Bankverbindung: Postbank Essen
Kontonummer: 9 874 352 659
Bankleitzahl: 360 100 43.

Danke, dass Sie sich jetzt gleich darum kümmern. Einen vorbereiteten Überweisungsträger erhalten Sie mit diesem Schreiben.

Freundliche Grüße

Manfred Vester

Manfred Vester, Buchhaltung

Rechnung Nummer 12367 vom 3. Mai 2002
Unsere Mahnschreiben vom 15. Mai 2002 und 30. Mai 2002

Sehr geehrter Herr Friedrich,

auf unsere Mahnungen haben Sie leider nicht reagiert. Es besteht immer noch ein Zahlungsrückstand von 4.785,25 Euro.

Bevor wir das gerichtliche Mahnverfahren einleiten, geben wir Ihnen hiermit eine letzte Chance, den Rechnungsbetrag zu zahlen.

Bitte nutzen Sie diese letzte Frist bis zum 15. Juni 2002. Danke!

Bernd Schumacher

Bernd Schumacher, Buchhaltung

Bitte wenden Sie sich direkt an die Firma Pasche!

Sehr geehrter Herr Harnisch,

es geht immer noch um unsere Rechnung vom 17. Juli 2002 in Höhe von 5.245,43 Euro. Trotz unserer beiden Mahnschreiben haben Sie den Betrag bis heute nicht gezahlt.

Wir haben den Vorgang daher einem Inkassounternehmen übergeben, mit dem wir schon seit Jahren erfolgreich zusammenarbeiten.

Bitte wenden Sie sich mit Ihren Fragen direkt an Herrn Hübner. Sie erreichen ihn unter der Telefonnummer 030 6345-81.

Es ist schade, dass Ihnen jetzt weitere Kosten und Unannehmlichkeiten entstehen.

Burkhard Breisig

Burkhard Breisig, Abteilungsleiter Rechnungswesen

Rechnungen: So kommen Sie schnell zu Ihrem Geld

Eine schlechte Zahlungsmoral Ihrer Kunden kann die Liquidität Ihres Unternehmens gefährden. Übersichtlich gestaltete und verständlich formulierte Rechnungen mit allen wichtigen Details erhöhen die Wahrscheinlichkeit, dass Sie Ihr Geld vollständig und pünktlich erhalten.

Ein weiterer wichtiger Erfolgsfaktor ist der Zeitpunkt: Je kürzer die Zeit zwischen Lieferung und Rechnungstellung, desto besser die Zahlungsmoral. Denn der Kunde hat einen direkten Bezug zur Leistung oder zum gelieferten Produkt.

Rechnung bald stellen

Schreiben Sie die Rechnung auf Ihrem Geschäftsbriefbogen oder einem Rechnungsformular mit Ihrem Logo. Hier die typischen Elemente einer vollständigen Rechnung:

- Rechnungsdatum und -nummer
- Ansprechpartner mit Telefonnummer
- Bestelldatum, Bestellmenge, Auftragsdatum
- Produktbezeichnung, Einzelpreis, Gesamtpreis
- Zusätzliche Kosten
    - Liefer- oder Versandkosten
    - Portokosten
- Aufgeschlüsselter Rechnungsbetrag
    - Nettobetrag
    - Mehrwertsteuerbetrag und -Satz
    - Gesamtrechnungsbetrag
- Kalendermäßig festgelegter Zahlungstermin
- Zahlungsbedingungen
- Bankverbindung
- Hinweis auf Ihre Geschäftsbedingungen

Elemente der Rechnung

Welche Elemente Ihre Rechnung enthält, hängt von der Branche ab, in der Sie tätig sind. Geben Sie auf der Rechnung immer einen Ansprechpartner mit der Durchwahlnummer. Das erleichtert Ihren Kunden die Anforderung weiterer Informationen.

Erleichtern Sie Ihren Kunden die Zahlung. Hier die drei Methoden, die in der betrieblichen Praxis am erfolgreichsten sind:

Zahlung erleichtern

- Versenden Sie mit Ihrer Rechnung einen ausgefüllten Überweisungsträger. Der Kunde muss nur noch seine Bankverbindung eintragen und unterschreiben.
- Bieten Sie den Abruf des Rechnungsbetrags an. Dazu benötigen Sie eine Einzugsermächtigung Ihres Kunden.
- Geben Sie mindestens zwei verschiedene Konten an. Ideal ist eine örtliche Bank und ein Postbankkonto.

Kleinbeträge   Über Kleinbeträge bis 200 Euro müssen Sie nicht unbedingt eine Rechnung schreiben. Es genügt eine Quittung. Einen Formularblock erhalten Sie in jeder Schreibwarenhandlung. Quittungen müssen folgende Angaben enthalten:

Elemente einer
Quittung

- Name und Anschrift des Rechnungstellers
- Bezeichnung des Produkts oder der Leistung
- Mengen- oder Zeitangaben
- Rechnungsbetrag
- Angabe des Mehrwertsteuersatzes
- Mehrwertsteuerbetrag
- Gesamtrechnungsbetrag
- Stempel Ihres Unternehmens
- Unterschrift des Rechnungstellers

Zahlungsziel   Lassen Sie Ihren Kunden nicht zu viel Zeit, um die Rechnung zu bezahlen. In der Geschäftspraxis sind Zeiträume zwischen zehn Tagen und zwei Wochen üblich. Denken Sie bei der Überprüfung der Zahlungseingänge an die Verzögerung von bis zu drei Arbeitstagen durch die Bankbearbeitung.

Experten-Tipp

Rechnungen optimal gestalten und formulieren

Geben Sie in Ihrer Rechnung unbedingt einen kalendermäßig bestimmten Zahlungstermin an. Der Vorteil: Der Kunde gerät ohne eine Mahnung in Zahlungsverzug, sodass Sie das Mahnverfahren erheblich beschleunigen können. Hier ein Formulierungsvorschlag:

„Bitte zahlen Sie den Rechnungsbetrag nach Rechnungserhalt rein netto bis zum 18. Oktober 2002." Weitere wichtige Informationen zu diesem Thema finden Sie im Kapitel „Mahnungen".   ◀

Quittung über Reinigungsarbeiten

4 Stunden à 18 Euro	72,00 Euro
zzgl. 16 % Mehrwertsteuer	11,52 Euro

Gesamtbetrag   **83,52 Euro**

17. März 2002

Friederike Schürmann

Rechnung

Sehr geehrte Frau Gerland,

vereinbarungsgemäß berechne ich für die Konzeption und die Durchführung des Korrespondenztrainings am 15. und 16. September 2002 in Ihrem Hause:

2 Tage à 1.700 Euro	3.400,00 Euro
Fahrtkosten: 428 km à 0,50 Euro	214,00 Euro
Nettobetrag	3.614,00 Euro
zzgl. 16 % Mehrwertsteuer	578,24 Euro

Rechnungsbetrag   **4.192,24 Euro**

Bitte überweisen Sie den Rechnungsbetrag bis zum 30. September 2002 auf unser Konto 98 765 432 bei der Deutschen Bank Köln, BLZ 370 700 60. Danke.

Peter Vetter

Peter Vetter, Geschäftsführer

Hans-Peter Klein
Malermeister

Frau   Kundennummer: 2341
Katrin Beinlich   Rechnungsnummer: 2398
Bilker Allee 225   Ihr Ansprechpartner: Hans Brill
                                       Telefon: 0211 4567-33
40227 Düsseldorf   Telefax: 0211 4567-34

                                       Datum: 14. Mai 2002

Sehr geehrte Frau Beinlich,

für Malerarbeiten in Ihrer Wohnung, Bilker Allee 225 in Düsseldorf, berechne ich hiermit folgende Kosten:

15 Stunden à 40 Euro	600,00 Euro
Materialkosten	225,00 Euro
Nettobetrag	825,00 Euro
zzgl. 16 % Mehrwertsteuer	132,00 Euro
Rechnungsbetrag	**957,00 Euro**

Bitte überweisen Sie den Rechnungsbetrag rein netto nach Rechnungserhalt. Bitte nutzen Sie dazu eines der angegebenen Konten. Vielen Dank!

Freundliche Grüße

Hans-Peter Klein

Hans-Peter Klein, Malermeister

Bankverbindungen:
Dresdner Bank Düsseldorf, Konto 12 345 678, Bankleitzahl 300 800 00
Postbank Essen, Konto 9 874 352 659, Bankleitzahl: 360 100 43

Telefax: So informieren Sie Ihre Kunden und Geschäftspartner schnell und professionell

Das Telefax ist aus dem modernen Geschäftsleben nicht mehr wegzudenken, wenn es auch durch das E-Mail immer mehr Konkurrenz erhält. Doch nicht jeder Kunde und jeder Geschäftspartner hat eine eigene E-Mail-Adresse. Nutzen Sie daher auch in Zukunft das Faxgerät, wenn Informationen den Empfänger schnell erreichen sollen.

Was Sie per Fax schicken sollten und was nicht

Schnelligkeit ist heute ein wichtiger Erfolgsfaktor im Konkurrenzkampf. Je schneller Ihre Kunden und Geschäftspartner Angebote oder Auftragsbestätigungen erhalten, desto besser ist dies für Ihr Image als Dienstleister und Serviceunternehmen.

Versenden Sie Einladungen und Kondolenzbriefe nicht per Fax. Auch rechtlich verbindliche Schreiben wie Kündigungen oder Abmahnungen sollten Sie lieber als Einschreiben mit Rückschein versenden. Nur so können Sie den fristgerechten Zugang beweisen. Ein Faxprotokoll wird in den meisten Fällen von den Gerichten nicht als Beweismittel anerkannt.   ◄

Entwickeln Sie ein Fax-Formular mit den wichtigsten Elementen: Fax-Formular

- Genaue Angaben zum Absender:
  – Name und Abteilung
  – Telefon- und Telefaxnummer

- Detaillierte Angaben zum Empfänger:
  – Name
  – Firma
  – Abteilung
  – Faxnummer

- Datum der Nachricht
- Anzahl der gefaxten Seiten

Übertragunszeit sparen

Häufig genügt ein Fax-Deckblatt im Format DIN A5. Beim Faxen gilt: Zeit ist Geld. Je länger die Übertragung dauert, desto höher sind die Telefonkosten. Verzichten Sie daher auf große Schrifttypen, Fettdruck und umfangreiche Grafiken. Diese Elemente verlängern die Übertragungzeit erheblich und erhöhen dadurch unnötig die Kosten. Ein kurzes Fax ist besser.

Vorsicht bei umfangreichen Faxen

Umfangreiche Texte sollten Sie nur mit Einverständnis des Empfängers faxen. Denn das Faxpapier zahlt er. Auch Werbebriefe per Fax sind häufig nur mit Einverständnis des Kunden erlaubt. Beachten Sie diese rechtlichen Hinweise, um unnötigen Ärger oder sogar Abmahnungen zu vermeiden.

Auf der folgenden Seite finden Sie ein Muster für ein Fax-Deckblatt im Format DIN A5 (für dieses Buch auf Satzspiegel verkleinert):

CD-ROM

Manfred Burger
Training + Beratung
Sternstraße 14, 80538 München
Telefon: 089 2243-56, Telefax: 089 2243-57

An: _____   Von: _____

Thema: _____   Datum: _____

Dieses Telefax besteht aus ____ Seiten – einschließlich Deckblatt.

Ist der Text unvollständig oder schlecht lesbar?

Dann rufen Sie mich an: 089 2243-56. Danke.

REX Werbeagentur
Königstraße 24 • 40237 Düsseldorf

Telefax

An:
Pallas AG
Klaus Richter
Werbeabteilung
Fax: 089 7734-21

Von:
Günther Herzog
Text- und Konzeption

Datum:
11. August 2002

Sehr geehrter Herr Richter,

mit diesem Telefax erhalten Sie den Textentwurf für das Mailing. Ich benötige Ihre endgültige Freigabe bis zum 12. August 2002 um 15 Uhr. Danke, dass Sie sich jetzt gleich darum kümmern.

Freundliche Grüße aus Düsseldorf

Günther Herzog

Dieses Telefax besteht aus 4 Seiten – einschließlich Deckblatt.

Ist der Text unvollständig oder schlecht lesbar?
Dann geben Sie mir Bescheid:
Telefon: 0211 27683-11, Telefax: 0211 27683-77. Danke.

Umzugsmitteilungen: So informieren Sie über Ihre neue Anschrift

Informieren Sie Ihre Geschäftspartner und Kunden rechtzeitig, wenn Sie in ein neues Büro oder in neue Geschäftsräume umziehen. Verwenden Sie die Mitteilung über die neue Anschrift, Telefon- und Telefaxnummer als professionellen Werbebrief. Informieren Sie über die Vorteile, die der Umzug für Kunden und Geschäftspartner hat:

Als Werbebrief

- mehr Personal,
- zentrale Lage,
- erweiterte Verkaufsfläche,
- optimale Parkmöglichkeiten.

Sie können die Umzugsmitteilung mit einer Einladung zur Neueröffnung Ihrer Geschäftsräume oder einem Tag der offenen Tür verbinden. Ihrer Phantasie sind keine Grenzen gesetzt. Machen Sie auf jeden Fall aus einer formlosen, unpersönlichen „Änderung der Anschrift" einen überzeugenden Werbebrief. Nutzen Sie den Betreff des Schreibens für eine originelle Headline. Heben Sie wichtige Informationen durch Fettdruck optisch hervor:

Mit Einladung verknüpfen

- Ort, Straße und Hausnummer
- Telefon- und Telefaxnummer
- Öffnungszeiten

So früh wie möglich versenden

Über den Umzug und Ihre neue Adresse können Sie nie rechtzeitig genug informieren. Planen Sie eine Vorlaufzeit ein. Häufig ist es sinnvoll, in einem Nachfassbrief kurz vor dem Umzug noch einmal an die neue Adresse zu erinnern. Lassen Sie kleine Aufkleber mit den wichtigsten Informationen drucken. Verwenden Sie eine Signalfarbe. Vier Wochen vor und zwei Monate nach dem Umzug sollten Sie diese Information auf alle Schreiben kleben, die Sie versenden.

Experten-Tipp

Endlich ist es so weit!

Sehr geehrte Frau Leismann,

am 1. März 2002 eröffne ich mein neues Ladenlokal in der

Sonnenstraße 135
in 42109 Wuppertal-Katernberg!

Ich habe nicht nur die Verkaufsfläche vergrößert. Es erwartet Sie außerdem eine umfangreichere Auswahl in der gewohnten Top-Qualität. Überzeugen Sie sich selbst!

Hier die wichtigsten Informationen auf einen Blick:

Telefon: 0202 2756-69, Telefax: 0202 2756-70

Meine neuen, erweiterten Öffnungszeiten:

Montag bis Freitag: 10.00 – 20.00 Uhr
Samstag: 10.00 – 16.00 Uhr

Wann darf ich Sie begrüßen? Ich freue mich jetzt schon auf Ihren Besuch.

Herzliche Grüße

Claudia Herzog

Claudia Herzog, Geschäftsführerin

Übrigens: Sie können direkt vor dem Geschäft parken. Natürlich kostenlos!

Wir ziehen um und verbessern den Service für Sie!

Sehr geehrter Herr König,

ab 15. Mai 2002 lautet unsere neue Anschrift:

Jürgen Kampmann KG
Deissler Weg 185
in 59555 Lippstadt!

Sie profitieren direkt von unserem Umzug in großzügige Räume mit modernster Technik.

Sie erreichen Ihre Ansprechpartner jetzt direkt, ohne Zeit raubenden Umweg über die Telefonzentrale:

Einkauf: Sabine Holzhüter 02941 5897-67
Verkauf: Lothar Brenner 02941 5897-68
Lieferservice: Monika Ötzel 02941 5897-69

Profitieren Sie von unserem erweiterten Angebot und unserem verbesserten Service. Bis zum 30. Mai 2002 gewähren wir auf alle Bestellungen einen Rabatt von 15 %!

Ihre Aufträge führen wir ab sofort innerhalb von 24 Stunden aus. Testen Sie uns – Sie werden begeistert sein.

Freundliche Grüße

Klaus-Jürgen Haller

Klaus-Jürgen Haller, Geschäftsführer

Übrigens: Sie können jetzt noch schneller und einfacher per E-Mail bestellen: Kampmann@t-online.de!

Feiern Sie mit uns!

Sehr geehrte Frau Schnieder,

die Handwerker sind weg, die Maler haben perfekt gearbeitet und die neuen Möbel wurden pünktlich geliefert – der Eröffnung unserer neuen Geschäftsräume steht also nichts mehr im Wege!

Daher lade ich Sie herzlich ein, mit uns zu feiern:

Am 17. September 2002
ab 10 Uhr
in der Kaiserstraße 34
in 40237 Düsseldorf

Mein Team und ich begrüßen Sie mit einem Glas Champagner und einer kleinen Überraschung.

Damit Sie uns schnell und einfach finden, erhalten Sie mit diesem Schreiben eine Anfahrtskizze.

Ich freue mich auf Sie!

Freundliche Grüße

Silke Hölscher

Silke Hölscher, Geschäftsführerin

Übrigens: Für Ihr leibliches Wohl ist selbstverständlich gesorgt.

Vollmachten: So bleiben Sie handlungsfähig

Im Geschäftsleben ist es ganz besonders wichtig, jederzeit handlungsfähig zu sein. Dies gilt auch bei Abwesenheit wichtiger Führungskräfte. Sorgen Sie daher rechtzeitig dafür, dass Sie sich in wichtigen Angelegenheiten vertreten lassen können: Durch eine schriftliche Vollmacht können Sie Personen oder auch Gesellschaften beauftragen, Handlungen oder Rechtsgeschäfte in Ihrem Auftrag durchzuführen. Eine Vollmacht ist ein verbindliches Dokument mit eindeutig geregelten rechtlichen Konsequenzen:

Verbindliches Dokument

- Sie gibt dem Bevollmächtigten die Möglichkeit, sich gegenüber Geschäftspartnern, Behörden oder Privatpersonen zu legitimieren.
- Die Handlungen und Geschäfte des Bevollmächtigten haben rechtliche Wirkungen. Sie sind für den Vollmachtgeber bindend.

Eine Vollmacht sollte folgende Elemente enthalten:

- die Bezeichnung „Vollmacht"
- detaillierte Angaben zum Bevollmächtigten
    - Vorname und Name
    - Wohnort, Straße und Hausnummer
- Angaben zum Vollmachtgeber
- detaillierte Beschreibung der Vollmacht
- zeitliche Gültigkeit der Vollmacht
- Ort und Datum der Ausstellung
- Unterschrift des Vollmachtgebers

Elemente der Vollmacht

Ziehen Sie in Zweifelsfällen einen versierten Anwalt hinzu!

Welche Arten von Vollmachten gibt es?

Es gibt vier verschiedene Formen einer Vollmacht. Sie haben unterschiedliche rechtliche Reichweiten und Konsequenzen:

- Einzelvollmacht
    - Sie bevollmächtigt den Vertreter für ein einzelnes Rechtsgeschäft.
    - Sie muss nicht widerrufen werden, da sie automatisch erlischt, wenn das Rechtsgeschäft erfüllt oder abgeschlossen ist.

Einzelvollmacht

Gattungs-
vollmacht

- Gattungsvollmacht
  - In dieser Vollmacht werden Vertragsarten beschrieben, die der Bevollmächtigte abschließen darf. Diese standardisierte Vollmachtsform wurde entwickelt, um eine Vielzahl von Einzelvollmachten zu vermeiden. Der Bevollmächtigte darf etwa alle Kauf- oder Mietverträge abschließen, ohne jeweils eine neue Vollmacht vorzulegen.

Handlungsvoll-
macht

- Handlungsvollmacht
  - Diese Vollmacht legitimiert den Vertreter, bis auf klar definierte Ausnahmen alle Rechtsgeschäfte vorzunehmen, die in einer Firma entstehen.
  - Ausgenommen sind nur Grundstücksgeschäfte, Wechselverbindlichkeiten, Darlehensgeschäfte und Prozessführung.

General-
vollmacht

- Generalvollmacht
  - Hierbei handelt es sich um die umfassendste Vollmachtsform. Sie legitimiert den Bevollmächtigten, den Vollmachtgeber in allen gesetzlich zulässigen Fällen gerichtlich und außergerichtlich zu vertreten.

Experten-Tipp

Verschaffen Sie sich einen Überblick

Planen und dokumentieren Sie alle Vollmachten sehr sorgfältig, damit Sie jederzeit den Überblick behalten. Nicht alle Vollmachten enden automatisch. Sie müssen schriftlich widerrufen werden, wenn sie nicht mehr gelten sollen. Einige spezielle Vollmachten müssen notariell beglaubigt werden. Andere – etwa die Prokura für eine Führungskraft – müssen in das Handelsregister eingetragen werden.   ◄

Beispiel für eine Einzelvollmacht

> Manfred Burger
> Training + Beratung GmbH
> Sternstraße 14, 80538 München
> Telefon: 089 2243-56
> Telefax: 089 2243-57
>
>
> **Vollmacht**
>
>
> Hiermit erteile ich Herrn Norbert Druschel, wohnhaft in 80538 München, Sternstraße 26, die Vollmacht, mich in folgender Angelegenheit zu vertreten: Besichtigung und Anmietung von Büroräumen.
>
> Der Bevollmächtigte ist berechtigt, seinerseits Unterbevollmächtigte einzusetzen.
>
> Diese Vollmacht gilt bis zum 30. Juni 2002.
>
> München, 12. April 2002
>
> *Manfred Burger*
>
> Manfred Burger, Geschäftsführer

Beispiel für eine Generalvollmacht ohne Beschränkung

Hans Krüger GmbH
Sternstraße 14, 80538 München
Telefon: 089 2243-56
Telefax: 089 2243-57

Vollmacht
für Frau Susanne Bartels

Sehr geehrte Frau Bartels,

in Anerkennung Ihres Engagements und Ihrer Leistungen für unser Unternehmen bevollmächtige ich Sie hiermit, mich in allen gesetzlich zulässigen Fällen außergerichtlich und gerichtlich zu vertreten.

Sie werden hiermit gleichzeitig ausdrücklich von den Beschränkungen des § 181 des Bürgerlichen Gesetzbuches (BGB) befreit.

Die Vollmacht erlischt, wenn sie durch mich oder meine Erben widerrufen wird.

München, 15. Juni 2002

Daniel Mahnefeld

Daniel Mahnefeld, Geschäftsführer

Beispiel für eine Bankvollmacht

Sabine Fritsche GmbH
Goethestraße 114, 80538 München
Telefon: 089 2243-56
Telefax: 089 2243-57

Vollmacht
für Norbert Sträter

Hiermit bevollmächtige ich Herrn Norbert Sträter, wohnhaft in 80542 München, Landwehrstraße 456, von meinem Konto 72 436 701 bei der Stadtsparkasse München einmalig 3.500 Euro (in Worten: dreitausendfünfhundert Euro) abzuheben.

Bitte zahlen Sie den Betrag an Herrn Sträter aus. Er wird sich durch seinen Personalausweis legitimieren.

Diese Vollmacht ist bis einschließlich 15. Juni 2002 gültig.

München, 14. Juni 2002

Robert Löwitsch

Robert Löwitsch, Geschäftsführer

Weihnachtsbriefe: Dankeschön und Weihnachtswünsche in einem

Es gibt kaum eine bessere Gelegenheit als das Weihnachtsfest, um Kunden, Geschäftspartnern und Mitarbeitern für die gute Zusammenarbeit zu danken. Einzige Voraussetzung: Ihre Weihnachtsgrüße müssen positiv auffallen, denn sonst gehen sie in der Flut der Standardschreiben unter.

Kontakte aufbauen und pflegen Nutzen Sie die Chance zum Jahresende, um gute Beziehungen zu festigen, alte Kontakte aufzufrischen und neue aufzubauen. Ihre Geschäftspartner, Kunden und Mitarbeiter werden es Ihnen danken. Je eher Sie Ihre Weihnachtskorrespondenz vorbereiten, desto besser. Diese Fragen helfen Ihnen dabei:

- Wer erwartet einen Weihnachtsbrief?
- Wem möchten Sie Weihnachtsgrüße senden?
- Möchten Sie etwas verschenken?
- Was brachte das vergangene Jahr?
- Was erwarten Sie vom neuen Jahr?
- Was haben Sie in der Zusammenarbeit vor allem geschätzt?
- Auf welche Aktivitäten freuen Sie sich besonders?

Experten-Tipp

Planen Sie Ihre Weihnachtskorrespondenz

Denken Sie an die längeren Postlaufzeiten vor Weihnachten. Versenden Sie Ihre Briefe spätestens Mitte Dezember. Wenn Sie auf Weihnachtsgeschenke verzichten, um das Geld zu spenden, sollten Sie in Ihrem Schreiben darauf hinweisen. Geben Sie dabei den Namen der Hilfsorganisation und den Spendenzweck an und werben Sie um Verständnis für Ihre Vorgehensweise. ◄

Frohe Weihnachten und einen guten Rutsch ins neue Jahr!

Sehr geehrter Herr Schröder,

hoffentlich verbringen Sie die Tage zwischen den Jahren so, wie Sie es sich wünschen.

Nutzen Sie die Zeit, um an den Festtagen Kraft und Energie für die neuen Herausforderungen zu tanken.

Ich freue mich schon jetzt, auch im neuen Jahr wieder erfolgreich mit Ihnen zusammenzuarbeiten.

Mit weihnachtlichen Grüßen

Jürgen Brune

**Weihnachten ist ein Fest der Freude,
leider wird dabei zu wenig gelacht.**

Sehr geehrter Herr Sundermann,

ich weiß, dass dieses Zitat von Jean-Paul Sartre auf Sie nicht zutrifft. Ich wünsche Ihnen und Ihrer Familie fröhliche Weihnachten – im wahrsten Sinne des Wortes.

Für das neue Jahr schon jetzt alles Gute, vor allem Gesundheit und Erfolg. Damit es wieder viel Grund zum Lachen gibt!

Hans-Peter Lehnhoff

Weihnachtsbrief an einen Geschäftsfreund

Frohe Weihnachten und alles Gute für das neue Jahr!

Sehr geehrter Herr Winter,

vielen Dank für die angenehme und vertrauensvolle Zusammenarbeit im vergangenen Jahr.

Schon jetzt freue ich mich auf unsere gemeinsamen Projekte in den nächsten zwölf Monaten. Doch jetzt ist es erst einmal Zeit, die ruhigen Tage zwischen den Jahren zu nutzen, um gemeinsam mit der Familie zu feiern und zu entspannen.

Ich hoffe, dass die kleine Auswahl auserlesener Weine mit dazu beiträgt, dass Sie die kurze Atempause in vollen Zügen genießen können.

Ihnen und Ihrer Familie wünsche ich schöne Feiertage und ein erfolgreiches neues Jahr.

Herzliche Grüße

Ihr

Thilo Paulsen

Thilo Paulsen, Geschäftsführer

„Wird's besser?", „Wird's schlimmer?", fragt man alljährlich.
Seien wir ehrlich: Leben ist immer lebensgefährlich.

Sehr geehrte Frau Gerhardt,

besser als Erich Kästner kann man es wohl nicht auf den Punkt bringen. Niemand weiß, was das neue Jahr bringen wird. Nur eines ist sicher: Überraschungen werden auf jeden Fall wieder dabei sein!

Gemeinsam werden wir sie meistern – wie im vergangenen Jahr. Herzlichen Dank für die erfolgreiche Zusammenarbeit. In der heutigen Zeit ist eine vertrauensvolle Geschäftsbeziehung wirklich etwas Besonderes.

Vielleicht werden Sie in diesem Jahr das Präsent vermissen. Das hat einen guten Grund: Ich habe das Geld für die Weihnachtsgeschenke auf das Konto der Flüchtlingshilfe überwiesen.

Ich hoffe, Sie sind mit dieser Entscheidung einverstanden. Die Menschen, die von dieser Spende profitieren, haben unsere Unterstützung heute nötiger denn je. Danke für Ihr Verständnis.

Für das neue Jahr wünsche ich Ihnen privat und geschäftlich alles Gute. Dazu die Gesundheit und die Energie, um viele Ihrer Ziele zu erreichen.

Ihnen und Ihrer Familie erholsame und friedvolle Weihnachtstage.

Gisela Friedrichs

Gisela Friedrichs, Geschäftsführerin

Werbebriefe: So steigern Sie Ihren Umsatz

Professionell getextete und gestaltete Werbebriefe bieten Ihnen die Chance, gute Kunden an Ihr Unternehmen zu binden und neue Kunden zu gewinnen. Die Frage nach dem Geheimrezept erfolgreicher Direktwerbung: „Der Wurm muss dem Fisch schmecken – nicht dem Angler!" Leider werden täglich tausende von Werbebriefen versandt, die diese Erkenntnis von Dale Carnegie nicht berücksichtigen. „Eigenlob" interessiert den Kunden nicht. Werbebriefe sind nur dann erfolgreich, wenn sie den Nutzen und den Vorteil für den Leser einfach, präzise und direkt auf den Punkt bringen.

Verkürztes Verkaufsgespräch
Jeder Werbebrief ist ein verkürztes Verkaufsgespräch. Argumentieren Sie daher so, als sitze Ihnen der Kunde gegenüber. Überzeugen Sie den Leser von Ihren Leistungen und Produkten. Argumentieren Sie dabei aus Sicht des Kunden: Nehmen Sie Einwände und Fragen des Lesers vorweg. Betrachten Sie Ihr Produkt oder Ihre Dienstleistung aus der Perspektive des Kunden. Warum soll er sich für Ihr Angebot entscheiden? Diese Fragen helfen Ihnen, gute Werbebriefe zu texten:

- Warum soll der Kunde sich gerade für Ihr Angebot entscheiden?
- Welchen Nutzen bietet Ihr Produkt?
- Warum soll Ihr Kunde gerade jetzt bestellen?

Nutzen Sie die Logenplätze des Werbebriefs

Nutzen Sie den Betreff, um die „Botschaft" Ihres Briefs auf den Punkt zu bringen. Das „PS" ist für den Hinweis auf ein Werbegeschenk oder einen besonderen Service geeignet. Außerdem muss Ihr Mailing eine Antwortkarte oder ein Faxformular enthalten, damit Ihr Kunde schnell und einfach auf Ihr Angebot reagieren kann. Die Beispiele auf den folgenden Seiten zeigen Ihnen, wie es geht.

Frühjahrsmüde?
Wir helfen Ihnen auf die Sprünge!

Sehr geehrte Frau Spengler,

macht Ihnen die typische Frühjahrsmüdigkeit auch zu schaffen? Dann wird Sie unser aufgewecktes Angebot garantiert interessieren.

Aktuelle Modetrends zu absolut ausgeschlafenen Preisen. Was halten Sie zum Beispiel von diesen Angeboten?

Über 200 Kostüme – top-aktuell geschnitten – schon ab 248 Euro.
Seidenblusen schon ab 98 Euro.
Hosenanzüge in den neuesten Frühlingsfarben für nur 398 Euro.

Kommen Sie doch einfach mal vorbei und überzeugen Sie sich selbst von der exzellenten Qualität unseres Frühlingssortiments.

Wir garantieren Ihnen: Sie werden beschwingt wieder nach Hause gehen.

Herzliche Grüße

Ihre

Monika Terhorst

Monika Terhorst, Geschäftsführerin

Übrigens: Als kleines „Dankeschön" erhalten Sie einen bunten Frühlings-strauß. Ich freue mich auf Ihren Besuch!

Prosit Neujahr!

Lieber Herr Klunkert,

auch wenn seit dem Silvesterfeuerwerk bereits einige Tage vergangen sind – für herzliche Grüße ist es nie zu spät: Ich wünsche Ihnen und Ihrer Familie für die nächsten zwölf Monate alles Gute.

Der Jahresanfang ist prädestiniert für gute Vorsätze. Wenn Sie jetzt handeln, werden Sie schon bald erfolgreich sein: Sie sparen nämlich bares Geld.

Profitieren Sie von unseren Sonderkonditionen, die wir nur Ihnen als Exklusivkunden bis zum 20. März 2002 gewähren.

Werfen Sie am besten gleich einen Blick in unseren druckfrischen Sonderprospekt. Sie werden begeistert sein, denn besser kann das neue Jahr nicht beginnen.

Sparen Sie – ohne auf Qualität zu verzichten.

Sichern Sie sich dieses Angebot. Gleich bestellen, am besten telefonisch: 089 7766-55. Oder rund um die Uhr per Fax: 089 7766-44. Nutzen Sie dazu bitte das beiliegende Bestellformular!

Freundliche Grüße

Robert Deissler

Robert Deissler, Geschäftsführer

Übrigens: Geben Sie unbedingt Ihr Geburtsdatum an. Sie erhalten dann kostenlos Ihr Glückshoroskop für die nächsten 365 Tage!

Möchten Sie in einer Stunde 360 Euro sparen?

Sehr geehrte Frau Hielscher,

Sie haben viele Versicherungen – und das ist gut so. Denn sinnvolle Verträge geben Ihnen das gute Gefühl, für den Fall der Fälle finanziell abgesichert zu sein.

Ich mache allerdings immer wieder die Erfahrung, dass Kunden zu viel für ihren Versicherungsschutz zahlen. Häufig wird sogar für Verträge gezahlt, die überhaupt nicht nötig sind!

Möchten Sie absolut sicher sein, dass Sie nur sinnvolle Verträge haben und nicht zu viel dafür bezahlen?

Dann nutzen Sie mein kostenloses Angebot: Ich prüfe gemeinsam mit Ihnen alle Vertragsunterlagen.

Ihr Vorteil: Als unabhängiger Versicherungsmakler habe ich einen Gesamt-überblick und kenne die preisgünstigsten Anbieter. Da sind Preisunter-schiede von 50 % und mehr möglich.

Nutzen Sie mein Beratungsangebot – es geht um Ihr Geld! Vereinbaren Sie am besten sofort einen kostenlosen und unverbindlichen Beratungstermin: 0221 27245-91!

Freundliche und sichere Grüße

Volker Steinmann

Volker Steinmann, Versicherungsmakler

Übrigens: Gestern habe ich eine Kundin beraten. Sie spart ab sofort 165 Euro an Beiträgen pro Jahr. Und das Gespräch hat nicht einmal eine Stunde gedauert!

Es geht um Ihre Sicherheit!

Sehr geehrter Herr Vester,

ist Ihr Auto wirklich sicher? Wenn Sie jetzt auch nur den geringsten Zweifel haben, ist es Zeit für unseren preisgünstigen Sicherheits-Check!

Wir überprüfen für Sie

– Reifen
– Bremsen und Bremsflüssigkeit
– Motoröl
– Keilriemen
– Lichtanlage
– Spur und Lenkung
– Zündung
– Unterbodenschutz

Diesen umfangreichen Sicherheits-Check bieten wir Ihnen bis zum 15. Juni 2002 zum einmaligen Aktionspreis von nur 59 Euro. Vereinbaren Sie am besten sofort einen Termin: 0711 222222.

Während wir Ihr Auto prüfen, trinken Sie gemütlich eine Tasse Kaffee oder schauen sich in Ruhe unsere neuesten Modelle an.

Gute und sichere Fahrt wünscht Ihnen

Jürgen Rische

Jürgen Rische, Kraftfahrzeugmeister

Übrigens: Der Check dauert nur 30 Minuten! Danach fahren Sie garantiert mit einem sicheren Gefühl weiter.

Exkurs: Schuldrechtsreform

Am 1. Januar 2002 ist die Schuldrechtsreform in Kraft getreten. Daraus ergeben sich einige Konsequenzen für Ihr Unternehmen.

Der Verkäufer hat dem Käufer wie bisher eine Ware ohne Mängel zu liefern. Frei von Mängeln ist die Sache nur dann, wenn sie die vereinbarte Beschaffenheit und Haltbarkeit hat. **Mängelfreiheit**

Neu ist jedoch, dass auch solche Eigenschaften als vereinbart gelten, die der Käufer nach öffentlichen Äußerungen des Verkäufers oder Herstellers erwarten kann. Zu diesen Äußerungen zählen vor allem Werbeaussagen. Einzige Voraussetzung: Es werden in der Werbung konkrete Eigenschaften genannt.

Ohne Konsequenzen bleiben werbeübliche Aussagen, die keine nachprüfbaren Angaben über die Beschaffenheit des Gegenstands enthalten.

Generell vereinheitlicht werden zudem die derzeit unterschiedlichen Verjährungsfristen, also die Fristen, innerhalb derer ein Anspruch (z. B. auf Schadensersatz) durchgesetzt werden kann. Die Reform führt eine neue Regelverjährung von drei Jahren ein, enthält aber immer noch Ausnahmen, so z. B. bei kauf- und werkvertraglichen Gewährleistungsansprüchen. Hier gilt nun eine Verjährung von zwei Jahren. **Verjährungsfristen**

Zeugnisse: So beurteilen Sie Ihre Mitarbeiter

Immer wieder kommt es zu Problemen, wenn Arbeitgeber ihren Mitarbeitern ein Arbeitszeugnis ausstellen müssen. Doch es führt kein Weg daran vorbei: Jeder Arbeitnehmer hat einen gesetzlichen Anspruch auf ein schriftliches Zeugnis. Auch während eines Arbeitsverhältnisses hat ein Arbeitnehmer das Recht, ein Zeugnis zu , das dann als Zwischenzeugnis gekennzeichnet werden muss. **Gesetzlicher Anspruch**

Das Zeugnis muss nach den gesetzlichen Bestimmungen von Wohlwollen getragen sein und darf das berufliche Fortkommen des Arbeitnehmers nicht erschweren. Um diesen Anspruch auch bei negativen Beurteilungen zu erfüllen, ist eine Art „Geheimsprache" entwickelt worden. **„Geheimsprache"**

Zwei Arten Es wird zwischen zwei Arten von Arbeitszeugnissen unterschieden:

- dem einfachen und
- dem qualifizierten Zeugnis.

Das einfache Zeugnis enthält Angaben zur Person des Arbeitnehmers sowie Informationen über die Art und die Dauer der Tätigkeit. Das qualifizierte Zeugnis enthält zusätzlich eine Bewertung der Leistung und des Verhaltens des Mitarbeiters.

Ein qualifiziertes Zeugnis ist bei Bewerbungen wertvoller. Ein einfaches Zeugnis wird vor allem dann ausgestellt, wenn die Beurteilung negativ ausfällt.

Formale Nach einem Urteil des Bundesarbeitsgerichtes Kassel (5 AZ R 182/92) muss
Kriterien das Zeugnis einige formale Kriterien erfüllen:

- Das Zeugnis muss sauber geschrieben sein.
- Es darf keine Flecken, Radierungen oder Änderungen enthalten.
- Es muss ein offizieller Fimenbriefbogen verwendet werden.
- Der Arbeitgeber oder ein Bevollmächtigter müssen das Zeugnis eigenhändig unterschreiben.

Die wichtigsten „Geheimformeln" auf einen Blick

Übernehmen Sie diese Formulierungen, die Sie auch auf Ihrer CD-ROM finden, unbedingt in der vorliegenden Form. Jede Änderung kann der Beurteilung unter Umständen eine andere Bedeutung geben.

Leistungsbeurteilung

Sehr gut
- Sehr gute Leistungsbeurteilung:
  - Der Mitarbeiter hat die ihm übertragenen Aufgaben stets zu unserer vollsten Zufriedenheit erledigt.
  - Wir waren mit seinen Leistungen außerordentlich zufrieden.
  - Ihre Leistungen haben in jeder Hinsicht unsere volle Anerkennung gefunden.
  - Er hat unsere Erwartungen immer und in allerbester Weise erfüllt.
  - Seine Leistungen waren stets sehr gut.

- Gute Leistungsbeurteilung: Gut
  - Der Mitarbeiter hat die ihm übertragenen Aufgaben stets zu unserer vollen Zufriedenheit erledigt.
  - Wir waren mit ihren Leistungen voll und ganz zufrieden.
  - Ihre Leistungen waren voll und ganz zufrieden stellend.
  - Er hat unsere Erwartungen in jeder Hinsicht und in bester Weise erfüllt.
  - Seine Leistungen waren stets gut.

- Befriedigende Leistungsbeurteilung: Befriedigend
  - Der Mitarbeiter hat die ihm übertragenen Aufgaben zu unserer vollen Zufriedenheit erledigt.
  - Die Mitarbeiterin hat die ihr übertragenen Aufgaben stets zu unserer Zufriedenheit erledigt.
  - Seine Leistungen waren stets zufrieden stellend.
  - Er hat unseren Erwartungen in jeder Hinsicht entsprochen.

- Ausreichende Leistungsbeurteilung: Ausreichend
  - Der Mitarbeiter hat die ihm übertragenen Aufgaben zu unserer Zufriedenheit erledigt.
  - Mit seinen Leistungen waren wir zufrieden.
  - Er hat unseren Erwartungen entsprochen.
  - Wir waren mit Frau Zimmermann zufrieden.
  - Er hat zufrieden stellend gearbeitet.

- Mangelhafte Leistungsbeurteilung: Mangelhaft
  - Der Mitarbeiter hat die ihm übertragenen Aufgaben im Großen und Ganzen zu unserer Zufriedenheit erledigt.
  - Er führte die ihm übertragenen Aufgaben mit großem Fleiß und Interesse durch.
  - Er hat unsere Erwartungen größtenteils erfüllt.
  - Sie hat sich stets bemüht, die ihr übertragenen Aufgaben zu unserer Zufriedenheit zu erledigen.
  - Herr Schneider machte sich mit großem Eifer an die ihm übertragenen Aufgaben.

Ungenügend • Ungenügende Leistungsbeurteilung:
- – Der Mitarbeiter bemühte sich, seine Arbeit zufrieden stellend zu erledigen.
- – Sie hatte Gelegenheit, die ihr übertragenen Aufgaben zu erledigen.
- – Er hat sich nach Kräften bemüht, die Leistungen zu erbringen, die wir an diesem Arbeitsplatz normalerweise erwarten.
- – Er erfasste das Wesentliche und bemühte sich um sinnvolle Lösungen.
- – Herr Schneider zeigte für seine Arbeit Verständnis und Interesse.
- – Neue Aufgaben betrachtete sie als Herausforderungen, denen sie sich mutig stellte.
- – Er setzte sich im Rahmen seiner Möglichkeiten ein.

Führungsbeurteilung

Sehr gut • Sehr gute Führungsbeurteilung:
- – Sein Verhalten zu Vorgesetzten, Arbeitskollegen, Mitarbeitern und Kunden war stets vorbildlich.
- – Sein kollegiales Wesen sicherte ihm stets ein sehr gutes Verhältnis zu Vorgesetzten und Mitarbeitern.
- – Herr Schneider wurde von Vorgesetzten, Kollegen und Kunden als freundlicher und fleißiger Mitarbeiter geschätzt.
- – Sein Verhalten gegenüber Vorgesetzten, Arbeitskollegen und Kunden war stets einwandfrei.

Gut • Gute Führungsbeurteilung:
- – Sein Verhalten zu Vorgesetzten, Arbeitskollegen, Mitarbeitern und Kunden war vorbildlich.
- – Sein kollegiales Wesen sicherte ihm stets ein gutes Verhältnis zu Vorgesetzten und Mitarbeitern.
- – Sein Verhalten gegenüber Vorgesetzten, Arbeitskollegen und Kunden war einwandfrei.

Befriedigend • Befriedigende Führungsbeurteilung:
- – Sein Verhalten zu Mitarbeitern und Vorgesetzten war vorbildlich.
- – Sein Verhalten gegenüber Vorgesetzten und Kollegen gab zu Klagen keinen Anlass.

– Sein Verhalten gegenüber Mitarbeitern und Vorgesetzten war
  einwandfrei.

- Ausreichende Führungsbeurteilung: Ausreichend
  – Sein Verhalten gegenüber Mitarbeitern war einwandfrei.
  – Sein Verhalten zu Arbeitskollegen war kameradschaftlich und
    hilfsbereit, das zu seinen Vorgesetzten korrekt.
  – Ihre Führung gegenüber Vorgesetzten gab zu Beanstandungen keinen
    Anlass.

- Mangelhafte Führungsbeurteilung: Mangelhaft
  – Sein persönliches Verhalten war insgesamt einwandfrei.
  – Frau Zimmermann galt als kollegiale und freundliche Mitarbeiterin.
  – Er war im Mitarbeiterkreis als umgänglicher Kollege geschätzt.

- Ungenügende Führungsbeurteilung: Ungenügend
  – Sein persönliches Verhalten war insgesamt tadellos.
  – Herr Schneider führte straff demokratisch.
  – Er koordinierte die Arbeit der Mitarbeiter. Er gab klare Anweisungen.

Die ungenügende Beurteilung kommt vor allem durch das Fehlen von Aussagen über das Führungsverhalten zum Ausdruck!

Praktikumsbescheinigung

Herr Klaus-Peter Drahn, geboren am 1. April 1985 in Limburg, hat vom 1. April 2002 bis zum 15. Mai 2002 in unserer Firma ein Praktikum absolviert. Dabei lernte er die Abteilungen Personal, Einkauf, Revision und Kundendienst kennen.

Da Herr Drahn sehr interessiert war, konnten wir ihm in allen Bereichen einfache Aufgaben übertragen , die er selbstständig ausführte. Wir haben ihn als zuverlässigen Mitarbeiter kennen gelernt, der sich vor allem durch hohe Einsatzbereitschaft auszeichnete.

Wir danken Herrn Drahn für seine Mitarbeit und wünschen ihm für das weitere Studium viel Erfolg.

Hannover, 15. Mai 2002

Harald Fritsche

Harald Fritsche, Geschäftsführer

Qualifiziertes Zeugnis mit einer sehr guten Beurteilung

Zeugnis

Frau Birgit Hansen, geboren am 14. Oktober 1962 in Kiel, war vom 1. April 1997 bis zum 31. Dezember 2002 als Sekretärin des Geschäftsführers für unsere Firma tätig.

Frau Hansen führte alle Sekretariatsarbeiten sehr engagiert und selbstständig aus:

– Schriftverkehr
– Postbearbeitung
– Gehaltsabrechnung
– Kundenbetreuung
– Organisation der täglichen Abläufe

Wir waren mit ihren Leistungen außerordentlich zufrieden. Ihr Verhalten gegenüber Vorgesetzten, Arbeitskollegen, Mitarbeitern und Kunden war stets vorbildlich.

Frau Hansen verlässt uns auf eigenen Wunsch, da sie in einigen Monaten ein Kind erwartet. Wir bedauern ihr Ausscheiden sehr.

Für ihren privaten und beruflichen Lebensweg wünschen wir ihr alles Gute.

Hamburg, 31. Dezember 2002

Bernd Klein

Bernd Klein, Personalleiter

Qualifiziertes Zeugnis mit einer mangelhaften Beurteilung

Zeugnis

Herr Heinz König, geboren am 24. April 1958 in Köln, war vom 2. Januar 2001 bis zum 31. März 2002 als Sachbearbeiter im Kundendienst unserer Firma tätig.

Herr König war für alle anfallenden Arbeiten zuständig:

– Schriftverkehr
– Telefonate
– Persönliche Kundenbetreuung
– Telefonische und schriftliche Reklamationsbearbeitung
– Postbearbeitung
– Ablage

Der Mitarbeiter hat die ihm übertragenen Aufgaben im Großen und Ganzen zu unserer Zufriedenheit erledigt.

Er führte die ihm übertragenen Aufgaben mit großem Fleiß und Interesse durch.

Er war im Mitarbeiterkreis als umgänglicher Kollege geschätzt.

Das Arbeitsverhältnis endet in beiderseitigem Einvernehmen.

Düsseldorf, 31. März 2002

Birgit Ludewig

Birgit Ludewig, Geschäftsführerin

Einfaches Zeugnis

Zeugnis

Herr Jürgen Schroth, geboren am 4. Januar 1965 in Koblenz, war vom
2. Januar 2001 bis zum 31. März 2002 als Sachbearbeiter in unserer Firma
tätig.

Er war für diese Arbeiten zuständig:

– Einkauf
– Schriftverkehr
– Inbound- und Outbound-Telefonate
– Rechnungsstellung
– Persönliche Kundenbetreuung
– Überwachung der Lieferungen
– Mahnwesen

Der Arbeitsvertrag wurde zum 31. März 2002 in gegenseitigem Einvernehmen beendet.

Mannheim, 31. März 2002

Bernd Führmann

Bernd Führmann, Personalleiter

Zwischenzeugnis mit guter Beurteilung

Zwischenzeugnis

Frau Sabine Mommsen, geboren am 4. Juni 1968 in Nürnberg, ist seit 1. Oktober 2000 als Mitarbeiterin in unserem Unternehmen tätig.

Ihr Aufgabenbereich umfasst folgende Tätigkeiten:

– Bedienung der Telefonzentrale
– Empfang der Besucher
– Schriftverkehr nach Diktat
– Vorbereitung der Personalabrechnungen
– Ablage

Frau Mommsen führt alle Arbeiten sorgfältig und stets zu unserer vollen Zufriedenheit aus. Sie verfügt über gute Fachkenntnisse. Ihre Leistungen sind gut.

Ihr Verhalten gegenüber Vorgesetzten, Arbeitskollegen, Mitarbeitern und Kunden ist vorbildlich.

Frau Mommsen hat um dieses Zwischenzeugnis gebeten, weil der Geschäftsführer in einigen Wochen eine andere Filiale unseres Unternehmens übernimmt.

Cottbus, 15. August 2002

Bernd Jochensen

Bernd Jochensen, Personalleiter

Zwischenbescheide: So informieren Sie über den Stand der Dinge

Zwischenbescheide sind in der heutigen Geschäftskorrespondenz leider selten geworden. Doch damit wird an der falschen Stelle gespart, denn die Information über den Stand der Dinge hat für beide Seiten Vorteile: *Vorteile für beide Seiten*

- Sicherheit für den Empfänger des Zwischenbescheids: Das kurze Schreiben informiert ihn, dass seine Angelegenheit bearbeitet wird.
- Zeitgewinn für den Absender des Zwischenbescheids: Der Vorgang kann in Ruhe und ohne Zeitdruck bearbeitet werden.

Der Zwischenbescheid ist an keine bestimmte Form gebunden. Formulieren Sie das Schreiben freundlich und verbindlich. Versetzen Sie sich dabei in die Lage des Lesers:

- Was interessiert ihn?
- Wie können Sie die zeitliche Verzögerung glaubwürdig begründen?

Informieren Sie Ihren Kunden oder Geschäftspartner, wann er mit einer endgültigen Antwort oder einer Entscheidung rechnen kann. Diesen Termin müssen Sie auf jeden Fall einhalten. Der Zwischenbescheid bietet sich vor allem an, wenn Sie nicht sofort eine Entscheidung treffen können. Antworten auf diese Schreiben sind daher besonders gut geeignet:

- Bewerbungen
- Angebote und Bestellungen
- Reklamationen

Schnell reagieren

Versenden Sie den Zwischenbescheid direkt an dem Tag, an dem Sie das Schreiben des Kunden oder Ihres Geschäftspartners erhalten. So vermeiden Sie unnötigen Ärger und überflüssige Anrufe, die Sie nur wertvolle Zeit kosten.

Experten-Tipp

Ihr Schreiben vom 15. Februar 2002 haben wir erhalten!

Sehr geehrter Herr Deissler,

Sie haben sich über den Service geärgert. Das bedaure ich sehr!

Um die Einzelheiten zu prüfen, benötige ich einige Tage. Sie erhalten spätestens bis zum 24. Februar 2002 eine detaillierte schriftliche Antwort. Das verspreche ich Ihnen!

Danke für Ihr Verständnis.

Freundliche Grüße nach Hannover

Klaus Hielscher

Klaus Hielscher, Kundenbetreuer

Danke für Ihre Bestellung!

Sehr geehrte Frau Pötzsch,

über Ihren Auftrag habe ich mich sehr gefreut. Sie erhalten die Ware spätestens am 15. März 2002. Eine frühere Lieferung ist aufgrund der großen Nachfrage leider nicht möglich.

Freuen Sie sich schon jetzt auf eine zusätzliche Überraschung!

Freundliche Grüße

Roswitha Zumwinkel

Roswitha Zumwinkel, Kundendienst

Ihr Angebot vom 23. März 2002 ist in der engeren Wahl!

Sehr geehrter Herr Furtwängler,

herzlichen Dank für Ihre detaillierten Unterlagen. Sie haben gute Chancen, den Auftrag zu erhalten. Ich benötige allerdings noch eine Woche, um die Details zu prüfen.

Die Auftragsvergabe erfolgt dann garantiert in der 14. Kalenderwoche. Nach der Entscheidung werde ich Sie sofort persönlich informieren.

Freundliche Grüße aus Ingolstadt

Dieter Brandt

Dieter Brandt, Einkaufsabteilung

Herzlichen Dank für Ihre Bewerbung!

Sehr geehrte Frau Richter,

die Reaktion auf unsere Stellenanzeige hat uns selbst überrascht: Insgesamt haben wir 157 Bewerbungen erhalten.

Daher benötigen wir noch etwa zwei Wochen, bis wir die Einladungen zum persönlichen Vorstellungsgespräch versenden können.

Vielen Dank für Ihre Geduld und Ihr Verständnis!

Freundliche Grüße aus München

Beate Manderfeld

Beate Manderfeld, Personalabteilung

Immer einen guten Spruch auf den Lippen.

Eine Rede zu halten oder ganz zwanglos Konver-
sation zu machen, gehört mit zu den Aufgaben
einer Führungskraft. Der "ZitateGuide" bietet
Ihnen

- eine breite Auswahl an Zitaten, nach Anlässen
  sortiert
- eine umfangreiche Sammlung auch jüngerer, gut
  recherchierter Zitate, Anekdoten und
  Aphorismen
- eine schnelle Recherche auf CD-ROM und
  im Internet

Die Kombination aus Buch, CD-ROM und Online-
Angebot macht diese Sammlung zu einem unver-
zichtbaren Begleiter für jede Führungskraft.

Gisela Fichtl
Der ZitateGuide
404 Seiten, mit CD-ROM
€ 24,95
Bestell-Nr. 00200-0001
ISBN 3-8092-1445-0

Bestellen Sie bei Ihrer Buchhandlung
oder direkt beim Verlag:
Haufe Mediengruppe, Fraunhofer Str. 5, 82152 Planegg
Tel.: 089 / 8 95 17 - 288, Fax: 089 / 8 95 17 - 250
Internet: www.haufe.de
E-Mail: bestellen@haufe.de